AF607020

Contra el desarrollo personal

THIERRY
JOBARD

CONTRA EL DESARROLLO PERSONAL

Traducción:
MARÍA EMILIA TIJOUX

EDICIÓN ORIGINAL
Contre le développement personnel,
Éditions Rue de l'Échiquier, 2021

PRIMERA EDICIÓN DE TXALAPARTA
Tafalla, junio de 2024

EDICIÓN: Ane Eslava

EDITORIAL TXALAPARTA S.L.L.
San Isidro 35
31300 Tafalla NAFARROA
Tfno. 948 703 934
info@txalaparta.eus
www.txalaparta.eus

ISBN
978-84-10246-09-6
DEPÓSITO LEGAL
NA. 856-2024

DISEÑO DE COLECCIÓN Y CUBIERTA
Esteban Montorio
© DrawingMyDiary

MAQUETACIÓN: Monti

IMPRESIÓN
Gráficas Iratxe
Polígono Agustinos, calle M, 5
31160 Orkoien – Navarra

Índice

Ser torpe, egoísta y tener buena salud,
he ahí las tres condiciones para ser feliz.
Pero si falta la primera, todo está perdido.

GUSTAVE FLAUBERT

Las creencias solo son activas cuando
se comparten.

ÉMILE DURKHEIM

Introducción

EL DESARROLLO PERSONAL es probablemente uno de los inventos más hermosos de nuestro tiempo. Sería injusto no reconocer los beneficios que procura y no darle la atención que se merece. Ese es precisamente el objeto de esta obra: tomar el desarrollo personal en serio.

Sin duda, el signo más aparente de su éxito es el lugar que ahora ocupa en las estanterías de las librerías, por ejemplo, reduciendo el del psicoanálisis a su mínima expresión. La proliferación de nuevas micro modas, de tendencias y de porfías, tiene que ver con un movimiento perpetuo: principalmente, el de nunca dejar de alimentar al mercado. Psicología positiva, espiritualidad New Age, PNL, análisis transaccional, meditación, *hygge, ikigai, ho'oponopono,* hipnosis y autohipnosis, eneagrama o silvoterapia, sin olvidar la pintura. Las prácticas abundan. Basta con que un editor se involucre para que todos los demás le sigan el paso. Produciendo una vorágine de papel, invasiva y nefasta para las espaldas de los libreros. Aunque al menos sus fines de mes son más prósperos. Ahora intentan llegar hasta los niños proponiéndoles un «sé tú mismo», el «*be yourself challenge*»: «el programa para liberarte y realizarte[1]». Efectivamente, es un hermoso proyecto.

También están las revistas dedicadas al tema, con títulos y portadas sutilmente evocadoras. Esos colores, esas sonrisas, esas buenas pintas y esos dossiers de fondo: «Escuchar su sentir», «Vivir según su corazón», «Cómo cultivar lazos verdaderos», «Creer en uno mismo». Hay que preguntarse cómo se hacía antes. Pero, tranquilos, buena gente, ahora nos preocuparemos de ustedes.

Siempre nos preocuparemos de ustedes, incluso en su mundo profesional, donde el modelo neoliberal se impone cada vez más. El *management* constituye, junto con el desarrollo personal, el otro brazo de la tenaza que encierra a las subjetividades. Ambos avanzan ordenadamente en la ruta de la uniformización de la gestión.

---

1. Sandrine HK, *Be yourself challenge. Le programme pour te libérer et te réaliser*, Améthyste éditions, 2019.

Añadamos a esto la lucrativa actividad del *coaching* en las empresas (cuyo objetivo, según la APEC, es «permitir a las personas tener más éxito y realizarse más en su trabajo») y esa sutileza que organiza el «saber ser». Ahora hay *coaches* para cualquiera, desde los niños hasta los abuelos, de la mañana a la noche, para toda actividad humana. ¿Sabías que el término *coaching* viene del francés *cocher*[2]? Habría que saber quién conduce y quién lleva el látigo.

Sin embargo, la corriente, la marea del desarrollo personal tiene una extensión mucho más grande. Puede que ni siquiera sospechemos lo que abarca. Efectivamente, si podemos datar la aparición de una determinada corriente de pensamiento (la psicología humanista en los años 1960, la psicología positiva en los años 1990, reconocidas como ramas maestras del desarrollo personal), ¿qué decir de la de Émile Coué y su método que data de inicios del siglo XX?

La conclusión del *Método Coué* (inicialmente titulado *La Maîtrise de soi-même par l'autosuggestion consciente*[3]), una de las más breves en la historia del libro, vale la pena citarla: «Llevamos dentro una fuerza de poten-

---

2. Nota de la Traductora: «Cochero».

3. N. de la T.: *El autocontrol por medio de la autosugestión consciente.*

cia incalculable que, cuando la manejamos de manera inconsciente, generalmente nos perjudica. Si, por el contrario, la dirigimos de manera consciente y sabia, nos da autocontrol y nos permite no solamente ayudar a sustraernos y a sustraer a los demás de la enfermedad física y la enfermedad moral, sino también vivir relativamente felices, cualesquiera sean las condiciones en que nos podamos encontrar»[4]. Todo está dicho. Desde hace un siglo, se han escrito miles de páginas para retomar, desarrollar, glosar las palabras de Émile. Por cierto, con muchas circunlocuciones, amaneramientos y argucias del *marketing*. ¿Realmente está todo dicho? Para nada. La última frase del libro es un poema: «En realidad y sobre todo, [la fuerza interior] puede, y debe ser aplicada a la regeneración moral de quienes se han salido del camino del bien».

¿Hay que ver en la búsqueda del bienestar la expresión de un rasgo humano fundamental, que se expresa de distinta manera en cada época? Después de todo, el deseo de ser feliz no es una idea tan nueva en Europa o en otra parte. Platón, el padre de la filosofía, consagra

---

4. Émile Coué, *La Maîtrise de soi-même par l'autosuggestion consciente*, 1923.

su *Banquete* a esta cuestión en el siglo IV antes de nuestra era. Y es toda una tradición la que circula a través de los siglos para definir al Bien Soberano y a los medios para acceder a él. Dos mil años más tarde, Pascal escribía: «Todos los hombres buscan ser felices [...] hasta que se ahorcan». Podríamos ver en el auge del desarrollo personal –que abreviaremos aquí como «DP», y «DPistas» para designar a sus adeptos– la búsqueda de la felicidad por otros medios que aquellos que les fueron clásicamente destinados.

Son numerosos los académicos que, aburridos de enseñar historia de las religiones o la lógica formal, poco a poco se alejan de esas áridas orillas para llegar a los floridos archipiélagos que producen más de 10.000 ejemplares y ventas posteriores. ¿Podríamos culparlos? ¡Si solo tenemos una vida! Es la ventaja de una buena formación intelectual: se puede hablar de manera brillante de cualquier cosa usando clichés.

Convertido en lector de libros de DP, muy a mi pesar, no he llevado el vicio más allá de lo necesario o hubiese enfermado. Además de visionar conferencias y de leer diversos artículos, seleccioné las obras que me parecían más representativas. El número de ejemplares vendidos, a veces desde hace varias décadas, de esos textos norteamericanos o franceses, y por lo tanto de la audiencia alcanzada, nos llama la atención. Generalmente todos obedecen a los siguientes criterios formales: un tono de confidencia frente al lector, al que se dirigen directamente tuteándolo; recurrir a la experiencia personal del autor o de la autora y a ejemplos que son solo parábolas o lecciones de moral; la repetición y la insistencia del mensaje a conseguir (sobre todo la fuerza de voluntad personal y su capacidad para modificar la situación); la prescripción de engaños y recetas que resolverán las dificultades según el modelo de problema-solución. Por supuesto, cuando hay casos particulares citados o expuestos, todo el interés consiste en plantearlos como ejemplares y, por lo tanto, generalizables para todos. Esta es solo una de las tantas interrogantes que produce el DP.

Los libros franceses de DP usan menos el tuteo, son menos demostrativos y generalmente se aprovechan de alguna especialidad inicial del autor: psicología, psiquiatría, filosofía. A medida que el mercado se desarrolla, asistimos a una diferenciación entre grandes autores que marcan tendencias y una seguidilla de pequeños marqueses y marquesas que retoman, adaptan y desarrollan de forma más simple ese primer contenido.

Inevitablemente se plantea la pregunta: ¿por qué diablos el DP ha tenido tanto éxito? Y verlo solo como una moda inocente y amable («¡Eso no le hace daño a nadie!») es algo limitado. Sospechar de maquinaciones tampoco sirve de mucho. Pero si huele a broma, inevitablemente estamos obligados a observar mejor.

Es necesario que el DP tenga un efecto, si no, lo abandonaríamos. Pero si produce efectos, es porque existe una necesidad. En otras palabras, que una parte de la población sienta la necesidad de sentirse mejor. ¿Es una necesidad real o ficticia? ¿Se trata de un verdadero malestar o de una ilusión? En un caso como en otro, no hay de qué enorgullecerse.

Entonces hay que ir a mirar más de cerca, detenerse alrededor de esos venerables tótems que son el deseo, el poder y la fe. Porque en definitiva de eso se trata, más allá de todos los buenos sentimientos que surjan. A lo mejor incluso sin saberlo. Puede ser. El mundo antiguo puede desaparecer, pero no el deseo de creer y de soñar de los seres humanos. Ni tampoco el deseo de dominarlos.

Capítulo 1

Los tres presupuestos del desarrollo personal

Sé feliz y cállate

Lo que no deja de sorprender, al igual que el éxito del DP, es el fracaso de las críticas que se le han hecho. O al menos la indiferencia que encuentran. En efecto, desde hace veinte años, se trate de Pascal Bruckner[5], de Roger-Pol Droit[6] o de Michel Lacroix[7], en particular[8], se suceden las condenas contra el paradójico mandato de ser feliz.

---

5. Pascal Bruckner, *L'Euphorie perpétuelle. Essai sur le devoir de bonheur*, Grasset, 2000.

6. Roger-Pol Droit, *Votre vie sera parfaite. Gourous et charlatans*, Odile Jacob, 2005.

7. Michel Lacroix, *Se réaliser. Petite philosophie de l'épanouissement personnel*, Robert Laffont, 2009.

8. Podemos citar por ejemplo a Robert Ebguy, *Je hais le développement personnel*, Eyrolles, 2008; André Guigot, *Pour en finir avec le « bonheur »*, Bayard, 2014; Edgar Cabanas y Eva Illouz, *Happycratie. Comment l'industrie du bonheur a pris le contrôle de nos vies*, Premier Parallèle, 2018; Olivier Menéndez, *Happytalisme. Vers une société du bonheur ?*, Libre et Solidaire, 2019.

Todo ocurre como si, por un lado, estuviesen quienes, condescendientes, consideran al DP como una banalidad y un cazabobos. Por el otro, están los que hacen del DP, según la forma que han elegido, un adyuvante para su cotidianidad, diciendo que les beneficia y que al menos no les es nefasto. Entre ambos se extiende una gran franja indecisa pero que va disminuyendo mientras el DP se amplía, y que al diversificarse consigue nuevos lectores. Hablando de «especialistas de la felicidad», Eva Illouz y Edgar Cabanas hacen la siguiente y clara constatación: «Es cierto que no todo lo que dicen es falso. El problema es que a menudo se contentan con reformular en una jerga sentenciosa y pomposa todo lo que simplemente –y en el mejor de los casos– es sentido común. El problema principal es sobre todo que esos lugares comunes son recibidos con una facilidad sorprendente por muchas personas dispuestas a creerlos, a pesar del vasto corpus científico que alerta contra ellos con sólidos argumentos de apoyo. Es precisamente esta atención por parte de una opinión pública desprovista de espíritu crítico lo que permite a todos esos profesionales resistirse tenazmente a las críticas de fondo de las que son objeto»[9].

9. Edgar Cabanas y Eva Illouz, *Happycratie, op. cit.*

Ciertamente, el soporte del libro no es lo único que contribuye a la extensión del dominio del DP, pero es el más visible. En todos lados encontramos esta dificultad para definir y captar lo que es el DP: porque es plástico, fluido y se hibrida con las modas del momento. Todo lo que está a su alcance puede ser incautado y reutilizado. Entonces el DP aparece como una forma, como una manera de acomodar las cosas, de arreglarlas para modificar la percepción que tenemos. En eso no hay nada de reprochable. La literatura, y más ampliamente el arte, modifica nuestra visión de lo real. Aunque es necesario saber con qué fin. Pero –y es nuestra hipótesis– el DP, como el coaching, como el management, como la novalengua que lo irriga, participa de un amplio movimiento que modifica nuestra personalidad psíquica. Más que tratarse de herramientas que controlamos, estas prácticas actúan sobre nosotros e influencian nuestra subjetivación. Es decir, nuestra capacidad de convertirnos en individuos autónomos. Es inútil buscar uno o más culpables específicos. La responsabilidad es colectiva porque la sumisión es consentida. No es maquinación, ni complot; es el aire de los tiempos que lentamente se llena de miles y miles de slogans, reflexiones y encantamientos difundidos por algunos textosfuentes infinitamente repetidos. Podríamos creer que, al seguir el hilo de los efectos y las causas, se nubla la razón de las cosas. Del neoliberalismo al capitalismo, del capitalismo a la matematización del mundo y a la idea de hacernos «amos y poseedores de la naturaleza»[10]. Sin embargo, estos distintos eslabones han logrado conformar una espesa cadena soldada por el cálculo, la búsqueda de eficacia, la mercantilización y una racionalidad abstracta. A esto se suman una cierta forma de individualismo y una psicologización general de nuestras relaciones, hacia nosotros y hacia los demás. Como si, a pesar de las enseñanzas consolidadas desde hace un siglo, nos hubiésemos convertido en amos y poseedores de nosotros mismos. Triste ilusión.

La tradición filosófica lo demuestra, de Platón a Spinoza, lo que no es poco: todo el mundo busca la felicidad. Y si existe un Bien Soberano, es eso: un fin en sí. Con variantes. Aristóteles escribe que la felicidad «es la cosa más deseable de todas» y que, como bien supremo, es «siempre deseable en sí misma y nunca lo es en vista de otra cosa». La búsqueda de la felicidad parece ser universalmente reconocida

10. René Descartes, *Discours de la méthode*, 1637.

y compartida, «tanto para las masas como para la gente cultivada»[11]. Todo está dicho. Pero nada se ha dicho, y principalmente, todo queda por hacer.

Nada aparece sobre el contenido de esa felicidad e inmediatamente surgen múltiples preguntas. ¿Es la misma para todos? ¿Es duradera o transitoria? Y, sobre todo: ¿cómo obtenerla? Es entonces cuando las cosas se complican. Y se complican por casi dos mil años, porque cada filósofo y cada escuela de la Antigüedad (en primer lugar el epicureísmo y el estoicismo en la historia de la búsqueda de la felicidad) indicará la vía que le parecerá más segura para acceder a la felicidad. El juego se practica entonces entre tres: placer, virtud y felicidad. Y según la precedencia que se le otorgue a uno u otro de estos términos, el sentido de la vida cambiará. ¿El placer es principio de una vida feliz? ¿Cualquier placer? ¿O solamente un cierto tipo? ¿Y cómo elegir, si es hay que elegir? Por su parte Epicuro pregona una limitación de los placeres y no una existencia rapsódica compuesta por instantes de satisfacción. Por lo demás, según él, los placeres del pensamiento son los más sutiles.

---

11. Aristóteles, *Éthique à Nicomaque,* I, 2 (edición original, en griego: *Ἠθικὰ Νικομάχεια*).

¿Solo el ejercicio de la virtud procura una suficiente completitud? Puede ser. Pero, como señala Aristóteles, a condición de que dure. Solo recordamos el comienzo de la cita, pero merece ser comprendida en su conjunto: «Una golondrina no hace primavera, ni un único día de sol; del mismo modo, ni un solo día ni un corto intervalo de tiempo hacen la dicha y la felicidad»[12]. ¿Pero acaso el placer no es sino una felicidad pasajera, seguida por la carencia apenas se satisface? Así pues, solo al final de la existencia podríamos juzgar si hemos sido o no felices. La felicidad aristotélica es inestable, contrariamente a la de los estoicos, independiente de toda perturbación, conforme al orden cósmico eterno. Para ellos, hay que destacarlo, la felicidad deviene en la virtud misma, es decir, en la perfección del pensamiento. El placer obtenido es un placer intelectual.

No podríamos estar más lejos de nuestra mentalidad actual. Necesitamos resultados. Lo preciso, lo concreto, las cifras. Por cierto, nos permitimos una cercanía intelectual, a menudo sobreestimada, con la antigua Grecia para extraer, como en un tesoro de eterna sabiduría, enseñanzas contemporáneas. Incluso si la

12. *Ibid.*

propia Grecia fuera una de las fuentes de nuestra cultura y la democracia un denominador común con nuestra época, ¿cómo podemos pensar seriamente en aplicar prácticas antiguas?

Para lo que concierne a la democracia, sería más exacto hablar de una oligarquía helena poco temperada. Luego, en Grecia no hay individuo que exista fuera de la comunidad, porque esta siempre prima sobre él. Por último, para los griegos el grado más alto de realización del individuo es la contemplación. Esta es activa y no pasiva, y por lo tanto duradera. Pero para que el filósofo (y sobre todo él) acceda a la contemplación, es necesario que toda una población de esclavos le permita encargarse de lo que considera algo indigno de su persona. La observación puede parecer tremendamente prosaica, pero no por ello deja de ser socialmente exacta. En cuanto a la idea de un orden natural intemporal, es exactamente lo contrario a nuestro mundo de constante inestabilidad y crisis.

Nuestro propósito no es redibujar la historia de las teorías de la felicidad. Pero más allá de la concepción kantiana de la felicidad –según la cual la virtud prima y si ella no nos hace feliz, nos hace dignos de serlo–, el enfoque utilitarista permite bajar el nivel de exigencia al punto de tomar acentos extrañamente contemporáneos.

La ley moral kantiana, ¡por favor! Tanto esfuerzo para tan poco placer...

Según Jeremy Bentham (1748-1832), a cada uno le corresponde elegir lo que le parezca que le aportará felicidad. De ahí un cálculo a efectuar entre las penas y los placeres, que serán medidos, pero no jerarquizados. «A igual cantidad de placer, un juego de tabas vale tanto como la poesía», afirmaba el filósofo británico. Y para medir dichos placeres, no hay nada mejor que el precio que estemos listos a pagar por ellos. Como existe un mercado que armónicamente regula el precio de los bienes, habrá un mercado que fijará el valor de los placeres. Extendido al conjunto de la sociedad, la gran felicidad de la mayoría constituye «el único fin deseable».

Una mano invisible del mercado. Seguramente esta es una idea probada... Siempre que calcule bien su felicidad examinando, descomponiendo y estimando sus componentes desde un enfoque de evaluación costos-beneficios. En suma, una moral de tendero. Que tiene un buen futuro por delante, porque estamos completamente adentro. Sobre todo, porque, según el utilitarismo benthamiano, cada uno cree encontrar su felicidad donde quiera, y podríamos imaginar que así el inglés promedio se libera de cualquier autoridad, excepto de su razón calculadora. Recordemos que, según la teoría del bien común, la suma de intereses individuales no consigue el interés general y estos no se armonizan por gracia de alguna mano invisible.

La objetivación cuantitativa de la o las felicidades, suponiendo que esta sea posible, hace una nueva norma. Y como se trata a la vez de la felicidad de cada uno y de la mayoría, la norma es al mismo tiempo privada y pública, íntima y social. De ahí a tener un nuevo amo-evaluador de las felicidades que decida lo que es bueno para sus sujetos bien amados... Veremos con qué facilidad se puede pasar de una concepción liberal (en sentido amplio) a un comienzo de tiranía. Todo eso, en nombre de la libertad, por supuesto. De ahora en adelante, ver escrito «libertad» debe provocar desconfianza, pues las palabras, sobre todo las más hermosas, se han subvertido.

Y la misma palabra que suscita tantas expectativas y energía, que se usa y sobreutiliza con tanta fuerza porque a cada uno le ofrece el rostro que desea –«felicidad»– está viviendo la última de las vejaciones. Es demasiado grande, demasiado poderosa, demasiado exigente para nosotros, pequeños occidentales cansados de nosotros mismos. Se le desclasa en «bienestar». Por cierto, sigue siendo un horizonte, infinitamente lejano, como un objetivo asintótico. Pero parece que desde hace un tiempo terminamos bajando los brazos (hay razones para eso) frente a la tarea: ser feliz. El hábito es muy grande para nosotros, limitemos nuestro ideal a las pequeñas victorias cotidianas. El adepto al DP es pragmático, siempre. Y necesitado, mientras se limite a esta misión con constancia y disciplina. Sísifo empujaba permanentemente su roca; el DPista colecciona lindas piedrecillas. El segundo, contrariamente al primero, no se arriesga a ser castigado por su desmesura.

Bienestar, entonces. Por precaución, por cálculo, por confort. El bienestar frente a la felicidad es un poco como era el socialismo para el comunismo en la URSS del tiempo de Stalin: la etapa hacia una meta continuamente postergada. ¡Un esfuerzo más, camarada! Pero, evidentemente, no se dice nada sobre la sociedad del mañana. Se trata del bienestar *psicológico* o *subjetivo*. Que reagrupa todas las dimensiones de la vida: amorosa, profesional, amistosa, etc. Este debe ser un estado de plenitud, una satisfacción de todas las aspiraciones de un individuo. Sobre ello, Daniel Kahneman, teórico de la noción, distingue el *bienestar experimentado* del *bienestar evaluado*[13]. El primero correspon-

---

13. Citado en Stéphanie Blois-Da Conceicao y Michelle Gally. «Bien-être», en Michelle Gally (Dir.), *Le bonheur, Dictionnaire historique et critique*, CNRS éditions, 2019.

de a la «satisfacción de vida» y el segundo es una evaluación de los hechos. La suma de los momentos de placer en un período definido establece el bienestar de cada uno, según una perspectiva hedonista. Pero al igual que en la filosofía moral, la perspectiva eudemonista también tiene sus representantes para los cuales la autorrealización, el cumplimiento, importa mucho más que el total de los placeres. El bienestar, entonces, es visto como un estado, o bien como una actividad, dos aspectos que se combinan también en función de autores donde algunos agregan también la noción de compromiso[14]. Dicha noción encierra una participación concentrada y lograda, una eficacia óptima. Es así como la edición francesa de *Vivre. La psychologie du bonheur*[15], de Mihály Csíkszentmiháli, presenta el resultado de esta noble empresa del espíritu humano: ¡«Este libro cambiará su vida»! Mihály Csíkszentmiháli da una respuesta a la cuestión de la felicidad. Años de estudio lo llevan a una conclusión esencial: es implicándose plenamente en cada instante

14. Martin Seligman, *La force de l'optimisme. Apprendre à faire confiance à la vie*, Inter Éditions, 2008 y Mihály Csíkszentmihályi, *Vivre. La psychologie du bonheur*, Pocket, 2008 (edición original, en inglés: *Flow: The Psychology of Optimal Experience*, Harper Perennial, 1991), principalmente para la noción de «*flow*».

15. N. de la T.: «La psicología de la felicidad».

como se accede a la armonía y la alegría. Para lograrlo nos revela los secretos de un nuevo arte de vivir[16]. ¿Cómo resistirse?

En una noción tan vaga de felicidad, el bienestar sustituye, en una versión modernizada, aquella concepción analítica de la satisfacción propuesta por Bentham. El bienestar se mide. De ahí viene la luminosa idea de establecer índices del bienestar. Puesto que parece que todo puede calcularse y evaluarse, ¿por qué no la felicidad y todo lo que le atañe? El PIB (producto interior bruto) lo sustituiríamos por el FIB (felicidad interior bruta), según el ejemplo que instauró Bután en 1998. Lleno de sentido común, Tshering Tobgay, el primer ministro butanés, constataba en 2016: «Es más simple decirlo que hacerlo, sobre todo cuando se trata de una de las economías más pequeñas del mundo[17]». Bután tiene aproximadamente 750.000 habitantes. Y, pase lo que pase, se ha desarrollado una nueva rama de la economía, que integra la «calidad de vida» en sus cálculos. La economía del bienestar, porque así se autodenomina, contribuye a la mercantilización de

16. Mihály Csíkszentmihályi, *Vivre, op. cit.*

17. https://www.francetvinfo.fr/meteo/climat/au-bhoutan-le-bonheur-national-brut-compte-plus-que-le-produit-national-brut_2543239.html

lo que solo es un estado de ánimo personal, que enfatiza en el éxito y la autonomía individual. En cuanto a la estúpida idea de que una felicidad colectiva se reduce a la suma de todas las pequeñas felicidades individuales, parece que no puede sacarse tan fácilmente de los cerebros de los expertos.

Hemos visto, superficialmente, las condiciones que estimaba la filosofía clásica para una felicidad posible. En ningún momento se corrió el riesgo de convertirse en un imbécil feliz, porque, por una parte, las acciones del individuo deben ser conformes a una concepción moral de la existencia, y por otra, a ser examinadas en el marco de una deliberación reflexiva. Todo ocurre como si el DP, consciente de la pobreza inicial de su concepción de felicidad, hubiera, poco a poco, y sin decirlo mucho, reinvertido las categorías de la filosofía para acomodarlas a su propia salsa. No contentarse con acumular placeres y satisfacciones, comprometerse activamente en las actividades y, en definitiva, darle sentido a la propia vida. Recuerden que cuando se trata de pronunciar el término «sentido», conviene lucir inspirado. Esta gran palabra, tan extensa que pierde toda determinación, como «felicidad», permite los contrabandos más variados. Sin embargo, los partidarios del sí, sí, sí asienten apenas se pronuncia la palabra, porque, aunque nunca puedan explicarla, todos saben inmediatamente de qué se trata. En cambio, *fuera* la virtud, porque, siendo sinceros, huele demasiado a agua bendita. Además, ¿cómo es posible que los filósofos se hayan desinteresado hasta tal punto de la felicidad desde el siglo XIX? Sin duda porque cuestiones más urgentes, más esenciales, requerían su atención: los valores, el saber, la ciencia y la técnica, la historia, la justicia... La felicidad, ahora, a la filosofía le importa un bledo.

Darle sentido a su vida, he aquí la gran cuestión. ¿Pero cómo? Procedamos de manera académica. Si hay que darle sentido a alguna cosa, es porque no lo tiene por sí misma. ¿Pero cómo darle sentido, es decir, una dirección y coherencia, a la existencia si no es existiendo? Autores del DP muy inspirados responderán inmediatamente diciendo que no basta con existir, se trata de vivir. Es decir, estar en el mundo con conciencia e intensamente. Bien. Entonces, cada una de nuestras actividades puede verse revivificada por la intensidad con la cual nos dedicamos a ella. Por eso el florecimiento de libros que nos explican cómo concentrarnos de manera adecuada: comer en plena conciencia –con el fin de estar «atentos a todo el trabajo y a toda la energía del origen de la alimentación que tenemos ante nosotros[18]»–, pero también caminar en plena conciencia, y sentarse en plena conciencia, y descansar en plena conciencia. Todas son «pequeñas guías inspiradoras y hermosamente ilustradas para aprender a vivir plenamente cada momento de nuestra existencia y mejorar nuestra calidad de ser en lo cotidiano[19]». Esperamos con impaciencia que también vengan a enseñarnos a defecar en plena conciencia.

Porque, en el DP, el cuerpo es un elemento determinante. Lo fisiológico también lleva a lo psicológico y a lo espiritual. El DP quiere despegarse de esa filiación griega y cristiana que privilegió el alma en detrimento del cuerpo. «¡Escucha a tu cuerpo!», nos insta Lise Bourbeau[20]. La contraportada de la versión de bolsillo de su obra maestra nos explica: «Porque todo lo que ocurre en nuestro cuerpo es un reflejo de nuestro espíritu, Lise Bourbeau nos invita a reconciliarnos con nosotros mismos

---

18. Thich Nhat Hanh, *Manger en pleine conscience*, Pocket, 2018.

19. En la serie «Vivre en pleine conscience» publicada por Belfond, los títulos de Thich Nhat Hanh, *S'asseoir*, 2016, *Marcher*, 2016, *Manger*, 2016, *Se détendre*, 2017.

20. Lise Bourbeau, *Écoute ton corps. Ton plus grand ami sur la terre*, tomo I, Les Éditions ETC, 1999. Después publicó *Écoute ton corps. Encore !*, tomo II, Les Éditions ETC, 1999.

en los planos físico, emocional, mental o espiritual, y a ser mucho más conscientes de lo que nos ocurre. A través de las enseñanzas contenidas en este libro y los cuantiosos ejercicios propuestos, ella nos ayuda a conseguir aquello a lo que todos aspiramos: la alegría, la paz, la serenidad, la salud, la realización de nuestros sueños y nuestras aspiraciones. Este método simple y concreto le permitirá a cada uno aceptarse y vivir en paz consigo mismo y, sobre todo, amarse y amar mejor a los otros. Porque siempre se cultiva lo que se siembra, amando, ¡cosecharemos amor! Porque, en suma, ¿no es eso lo que todos buscamos?»[21]. No podría decirse mejor. Pensábamos que teníamos un cuerpo, pero somos un cuerpo. Un trueno en el cielo de las ideas.

Podríamos en este punto retomar la pirámide de las necesidades de Maslow. Aunque sea criticada, me parece que aporta elementos probatorios. Tener las necesidades fisiológicas, como las de seguridad, pertenencia y estima, satisfechas sigue siendo un punto culminante en la necesidad de autorrealización. Esto solo concierne a una pequeña parte de la humanidad porque, para la mayoría, los primeros nive-

21. *Ibid.*

les no se consiguen. Entonces la felicidad/bienestar tendría que ver con la autorrealización personal (de una cierta parte de los occidentales, pues es evidente que los yemenitas, los nigerianos o los kazakos quedan fuera de esta realización última). En suma, el *nec plus ultra* de la evolución.

Pero ¿cómo es posible que, llegados a este punto, viendo satisfechas las necesidades esenciales, individuos posmodernos o hipermodernos que somos, experimentemos esta insatisfacción? Al menos si lo juzgamos por el número de ventas de libros de DP. Que la oferta puede crear demanda, no cabe duda, pero no a este punto. Así, parece que el valiente DPista, proveniente de un ilustre linaje, que ha sido llevado a través de los tiempos a escalar uno a uno los niveles de la pirámide de Maslow, se encuentra en lo alto de la cima y se pregunta: «¿pero qué hago yo aquí?», o, para decirlo de otro modo: ¿qué hacer con esta victoria? ¿Ser feliz? ¿Mirarse, vivir, escuchar su cuerpo diciéndose que con eso basta?

¿Podemos sugerir la idea de que la felicidad provendría de un problema de vocabulario? Plantear la alternativa entre felicidad y desgracia falsea el debate. ¿Somos desdichados porque no somos felices? Por favor, no. Y la mayoría del tiempo, no se es ni lo uno ni lo otro. Además, ¿no hay algo de indecente en querer ser feliz? Serlo, ciertamente no, pero buscar serlo, hacer de eso un objetivo, desarrollar un voluntarismo eudemonista, qué idea tan rara. Hacer el esfuerzo de ser feliz releva de un mandato paradójico que se anula solo. Y, aunque lo lográramos, solo podría ser con una fuerte dosis de egoísmo. Por qué no. Por mi parte, creo que es mejor aliarse a la fórmula de Térence: *«Humani nihil a me alienum puto»*[22] (Nada de lo que es humano me es ajeno). Hegel escribe: «O la felicidad no existe, o es un buen café tomado al aire libre». Suscribo. La felicidad es el momento adecuado. Llega o no llega y nuestros esfuerzos no cambiarán nada.

El Yo auténtico y punto

El segundo presupuesto del DP, más problemático aún que el primero, dado que se basa en un hecho de aparente sentido común, concierne al Yo. El Sí o el Yo, cualquiera que sea el nombre que le demos a esta instancia que es el lugar comúnmente designado de nuestra persona-

22. Térence, *Héautontimorouménos*, I, 1, v. 77.

lidad. Pero si el DP busca fundar su discurso principalmente en la psicología positiva y en su «ciencia de la felicidad», no puede atarse al sentido común, ni tampoco a evidencias poco claras ante un examen. Que nuevos avances teóricos o científicos deban conducirlo a revisar sus posiciones, eso podríamos considerarlo. Pero en ese caso, prefiere dejar en el silencio todo lo que pueda cuestionarlo sin enfrentar las dificultades, como dice el adagio: «Cuando queremos ahogar al perro, decimos que tiene rabia».

Según el DP, cada uno de nosotros está en condiciones, por sus propios medios (pero guiados por autores bienintencionados y desinteresados) de realizar sus potencialidades. Nosotros poseeríamos en nuestro interior una suerte de capital intrínseco que solo espera fructificar. Pero no lo vemos, lo ignoramos o lo olvidamos, al volvernos miopes debido a las vanas preocupaciones o las falsas representaciones sobre nosotros mismos. Felizmente, gracias a métodos «simples y concretos», según las palabras de Bourbeau, podemos acceder a ese tesoro interior. Basta con tomar conciencia de él y saber utilizarlo. Este mismo tipo de fórmulas regresan continuamente gracias a la pluma de autores del DP: el Yo secreto, el Yo interior, el Yo auténtico. Es ese Yo lo que tenemos que conseguir y revelar, como si fuera un núcleo, o un foco de maravillosas posibilidades existenciales.

Por definición, ese Yo auténtico se opone a los falsos Yo(es) que son las máscaras que deberíamos llevar obligadamente por costumbre, por convención o por conformismo. Para una nueva conversión de la mirada, de la mirada sobre sí, el DP busca producir una forma de revelación. Revelación mucho más luminosa cuando toca a personas que dudan de sí mismas o atraviesan un período de incertidumbres o de pruebas. Nuestro verdadero Yo estaba ahí. Oculto, intacto, conservado tal como en sí mismo, hibernando de cierto modo como un animal. Sin querer polemizar, veremos que el DP postula que cada uno de nosotros sufre potencialmente de esquizofrenia. No importa, por fin hay que dejar que se exprese ese verdadero Yo, al que podríamos llamar «MERD» («Ego en despliegue real»)[23], siempre que eso no arriesgue confundir. Lo que implica que previamente cada uno se entregue tranquilamente a dicha introspección. Pero eso no se consigue tan fácilmente.

¿Puede uno realmente conocerse a sí mismo? Nos llenamos la boca con el mandato socrático

---

23. N. de la T.: Esto corresponde a las primeras letras en francés de «MERD», «*Moi en réel déploiement*».

como si las cosas fueran evidentes, como si nuestro Yo fuera de una esencia particular. Un ser, una cosa límpida y transparente, a la que accederíamos simple y llanamente.

Es bueno releer a estos clásicos. Todo parte de Descartes. Ya conocen la historia, esa ficción filosófica en cuyo curso, buscando acceder a ideas claras y distintas, Descartes enciende la duda metódica. Donde, cuestionando los datos de los sentidos y de su propia razón, llega a una certeza, a la del *cogito*, la del «Pienso». Eso funda toda la tradición filosófica occidental del sujeto, al mismo tiempo consciente y consciente de sí, y que puede entonces acceder a un pensamiento seguro de sí mismo. En última instancia, las verdades cartesianas, al igual que la existencia del sujeto, son garantías para la potencia divina. Entretanto, habiendo muerto Dios, el sujeto se encuentra solo, plantado sobre sus pequeñas piernas. Por supuesto que la duda cartesiana no es realmente duda, pero la hipótesis de un sujeto engañado por sus sentidos o por la confusión entre sueño y realidad sigue siendo posible, *a fortiori* hoy día ante una realidad virtual invasiva.

En general, el Yo del DP se quedó en el *cogito* cartesiano, esa instancia medianamente oculta, intangible, a la que se puede llegar después de una primera actualización. Pero ¿quién puede decir que siga siendo el mismo indefinidamente? ¿Mi Yo de mis quince años y el de mis cincuenta es el mismo? En parte sin duda, pero en parte solamente. ¿En qué medida? ¿Cómo saberlo? Son cosas indistinguibles. Ese tipo de problemáticas ha ocupado mucho a los filósofos. Hume escribe: «Por mi parte, cuando entro más íntimamente en lo que llamo el mí-mismo, siempre caigo sobre una percepción particular o sobre otra, sobre el calor o el frío, la luz o la sombra, el amor o el odio, el dolor o el placer. En ningún momento puedo percibirme a mí mismo sin una percepción, y nunca puedo observar otra cosa que no sea la percepción[24]». Nos quedamos entonces con esta suma de sensaciones, de percepciones, de recuerdos que por comodidad vinculamos a un centro único. El Yo. Además, solo es desde la memoria como podemos afirmar que ese Yo que está ahí es en realidad nosotros, es realmente nuestro. La continuidad de su presencia es prueba de ello, incluso si nuestra memoria es una cosa tan extraña, que deforma el pasado, fabrica falsos recuerdos y a veces cree haber vivido lo que

24. David Hume, *Traité de la nature humaine*, 1739-1740 (edición original, en inglés: *A Treatise of Human Nature*).

acaba de suceder. Sin hablar del olvido que trama tanto nuestro relato, más todavía que algunos hechos importantes bloqueados.

Otra duda, la de nuestra clarividencia frente a nosotros mismos. ¿Quién no ha tenido esa experiencia de ser incomprendido o mal comprendido? ¿Quién no ha vivido esa distancia de percepción entre lo que sabe (cree) ser y lo que se percibe de él? Añadamos a esto los errores de juicio, las ilusiones, las mentiras a uno mismo, un poco de hipocresía y mucha mala fe, eso embadurna muy bien nuestro Yo, tan puro de un hijo o hija del DP.

Ese Yo que fundaría nuestra verdadera personalidad constituiría nuestra propia identidad. Pero la identidad también es una noción muy fluctuante. Ya pudimos medir los daños que causó la idea de identidad nacional en un país como Francia. ¿A partir de cuándo somos nosotros mismos? ¿Hay que considerar, según la noción aristotélica de «vida feliz», que se es verdaderamente sí mismo solo al final? ¿O bien, envejecidos, disminuidos, perdimos el Yo una vez pasado el apogeo de la existencia? ¿Y, en definitiva, qué retendremos? Recuerdos, acciones, percepciones, nunca la experiencia del propio Yo, subyacente a todo lo que vivimos.

Para algunos filósofos, comenzando por Vicent Descombes[25], hemos pasado subrepticiamente de un pronombre personal, el Yo, a una sustancia, el Mí, de una autoconciencia a una conciencia del Sí en tanto entidad propia. Junto a otros autores, denuncia así la ilusión que no solo mantiene el sentido común, sino también la mayoría de los filósofos, de un espacio interior de naturaleza especial, y revoca el «mito de la interioridad». Reproduciendo el esquema de algo ya conocido –nuestra mirada sobre el exterior–, lo aplicamos sobre lo menos conocido –la mirada sobre sí mismo–, como si dispusiéramos de una capacidad de visión interior. Pasearíamos nuestra mirada sobre objetos internos, pensamientos, representaciones y sentimientos, como lo haríamos con un paisaje. Las cosas no están hechas así. Descombes escribe: «Dado que no puedo relacionar a una experiencia el momento donde podría pegar la palabra yo sobre lo que se me sería dado en esta experiencia, no debería emplear las formas de la primera persona. La primera persona sería una convención lingüística, una ficción de lenguaje. Dejaríamos a la gente decir yo porque es cómodo. Pero en realidad alguien que dice "yo" no dice

---

25. Ver Vicent Descombes, *Les Embarras de l'identité*, Gallimard, « Nrf essais », 2013 ; *Le parler de soi*, Gallimard, « Folio », 2014.

nada, puesto que no nombra nada, porque nada se ha presentado ante él como su yo[26]».

Y, mirando más de cerca, ¿cómo afirmar que nuestros pensamientos o representaciones vienen del Yo, que son producidas por él? Lo decimos por pura convención, al igual que se ha designado al corazón como sede de los sentimientos. Y el *cogito* cartesiano, en *stricto sensu*, es una sustancia pensante. De manera que podríamos decir, más que «Pienso, luego existo», «Eso piensa, luego existo». Eso piensa en mí, las ideas «me llegan», se me imponen, incluso, a mí. Estamos aquí muy lejos de un sujeto autónomo, de un Yo cristalino que se escruta a sí mismo y decide orientar sus pensamientos, sus sentimientos, sus actos, solo por la fuerza de su voluntad. Los (f)autores del DP no tienen remedio, persisten en esta visión irénica y falsa de un sujeto que solo tiene que despertar su «potencia interior» para plenamente ser. Sin embargo, lo sabían, porque desde Descartes, el pensamiento en algo ha innovado. A tal punto lo sabían, que es a sabiendas y por reacción que se desarrolló el pensamiento positivo de donde proviene en gran parte el DP. ¿Una realidad le

---

26. Vincent Descombes, *Exercices d'humanité. Dialogue avec Philippe de Lara*, Les Petits Platons, 2013.

molesta? Haga como si no existiera. Esta buena gente hace como si el inconsciente no existiera. Eso simplifica muchísimo la existencia.

Hay que decir que el DP reposa en una idea genial: hay que ocuparse de la gente que está bien. Hasta que aparecen la psicología humanista y después la psicología positiva, la psicología se consagraba al aspecto patológico. ¿Acaso no era tiempo de interesarse en el desarrollo y la autorrealización que supuestamente coronaban la pirámide de Maslow? No hace falta decir que sería inconveniente imaginar por un segundo que abrir así el campo de acción a casi toda la población, y pasar de pacientes a clientes, reposaría en consideraciones mercantiles. Pero de hecho los practicantes del DP, coaches, formadores, consejeros, no pretenden invadir el terreno de los terapeutas. Lo que les interesa son los «proyectos de vida» de sus clientes. Y luego, todas esas historias de análisis, de cura psicoanalítica durante años que indudablemente conducen a conocerse más de lo que se quisiera, son demasiado exigentes. ¿Por qué tratar las causas si se pueden detener los síntomas? ¿Por qué buscar el porqué si se puede satisfacer el cómo? El DP funciona según un sistema problema-solución. Ocurre, sin embargo, que ciertos problemas no tienen solución. Ocurre incluso que esos problemas no son problemas y que hay que vivir con ellos. Una posible definición de la madurez...

Lo que fundaba el pensamiento mismo para los filósofos, el sujeto, es una estructura múltiple y exterior a este, porque en lo esencial es no consciente. Lo que aseguraba la estabilidad del individuo resulta ser heterogéneo, heterónomo e inconexo. Recordemos la famosa frase de Freud: «El Yo no es amo en su propia casa[27]». Teoría que contiene un factor explicativo mucho más convincente, a nivel individual como a nivel social, respecto a la presencia de la agresividad, del conflicto y la dominación. Así, nada está claro, nada es evidente en el Yo, y no se actúa sobre él como lo haría un mecánico sobre un motor. El Yo, si hay Yo, no se da a sí mismo, solo se aprehendería por vueltas, desvíos y debates.

El psicoanálisis preparó bien el terreno para lo que hoy se llama la «psicologización de la sociedad[28]». Los términos «complejo», «pulsión»,

---

27. Sigmund Freud, *Introduction à la psychanalyse*, Payot, 1962 (edición original, en alemán: *Vorlesungen zur Einführung in die Psychoanalyse*, 1916-17).

28. Ver a este propósito a Didier Vrancken y Claude Macquet, *Le Travail sur Soi. Vers une psychologisation de la société ?*, Belin, 2006. Y también los siempre penetrantes trabajos de Alain Ehrenberg: *Le Culte de la performance*, Calmann-Lévy, 1991; *L'Individu incertain*, Calmann-Lévy, 1995; *La Fatigue d'être soi*, Odile Jacob, 1998; *La Société du malaise*, Odile Jacob, 2010; *La Mécanique des passions*, Odile Jacob, 2018.

«represión» ahora se han vuelto comunes. Más aún, al singularizar el sufrimiento (en función del inconsciente y de la historia de cada uno), ha contribuido a la acentuación individualismo. Pero esta no es sino una de las últimas etapas de un largo proceso del que podemos, *a posteriori*, identificar los lineamientos, sin abusos teleológicos. Los hilos son múltiples e indudablemente inadvertidos para algunos. No obstante, y, para resumir, vemos que a través de ciertas etapas (la Reforma o la Revolución francesa, por ejemplo), gradualmente se afirmó una autonomización del individuo. Ciertamente con pausas, reflujos y aceleraciones; pero autonomización de todos modos. No se trata de lamentar un individualismo creciente, que es proteiforme y debe ser considerado en la mirada de la sociedad que lo produce. La forma de individualismo actual poco a poco agregó las ideas de libertad de emprender, de flexibilidad, de gestión de competencias, etc.

Yo + Yo no es igual a nosotros

El cálculo es simple y parece de buen sentido. Porque estoy bien, hago el bien a mi alrededor, y si todo el mundo hace como yo, todo el mundo estará bien. Es simple, es hermoso, es falso. Inmediatamente percibimos la paradoja que reposa en dos afirmaciones contradictorias: ser autónomo y querer crear vínculos. Porque las dos concepciones que entrega el DP, sobre la autonomía, por una parte, y los vínculos, por otra, siguen planteando preguntas.

No perdamos de vista que el DP nos llega de Estados Unidos. Un cierto número de libros norteamericanos, aunque ya datan de varios años, todavía se venden por decenas de miles de ejemplares cada año. Tomemos el emblemático ejemplo, de *Pouvoir illimité*[29] de Anthony Robbins. El libro fue traducido al francés en 2003, y está disponible en edición bolsillo desde 2008[30]. Junto a otros títulos de este autor[31], constituye una implementación de técnicas de programación neurolingüística[32] (PNL). El libro se suma

29. N. de la T.: «Poder Ilimitado».

30. Anthony Robbins, *Pouvoir illimité,* J'ai Lu, 2008 (edición original, en inglés: *Unlimited Power: The New Science Of Personal Achievement,* 1986).

31. *L'Éveil de votre puissance intérieure, Les Onze Lois de la réussite* ou *L'Argent. L'art de le maîtriser.* Porque no hay que perder de vista este otro esencial.

32. La programación neurolingüística es una práctica pragmática que utiliza la observación de gestos, actitudes, palabras... para interpretar el comportamiento humano. Es resultado de una síntesis de prácticas terapéuticas y de profesionales de la comunicación como Richard Blander y John Grinder a finales de los años 1970. Estos se concentran sobre todo en la comunicación verbal, en la forma del mensaje más que en el fondo, y buscan «reprogramar» al paciente,

a los seminarios que Robbins realiza en todo el mundo, y que, por unos cientos de euros por participante, inculca a cada persona preceptos fundamentales: «El objetivo no es cambiar, sino lograr ser lo que se es», «Manejar la fórmula del éxito», «Superar las creencias limitantes». Todo esto, organizado como una gran misa, con muchas bromas y gesticulaciones, desde un arte exasperante por estar permanentemente en escena. Este género no está realmente en el espíritu francés y cada país, más allá de una influencia medianamente fuerte[33] venida del otro lado del Atlántico, cultiva su propio estilo de DP. Pero en su tarjeta de visita, Robbins puede mencionar que ha aconsejado a Bill Clinton, a Leonardo DiCaprio o a Oprah Winfrey. ¡Entonces seguramente debe ser genial! ¿Y en qué consiste ese poder ilimitado? «Tener el poder supremo, eso significa ser capaz de cambiar, de adaptarse, de desarrollarse, de evolucionar». Muy simplemente. Cada cual tiene la capacidad de «volverse la mejor versión de sí mismo», según la consagrada expresión. ¿Cambiar para quién? ¿Según qué modelo? ¿Adaptarse a qué? Esa es la pregunta.

---

para permitirle aprovechar sus recursos, con el propósito de ayudarlo a enfrentar situaciones difíciles.

33. La última frase de *Pouvoir illimité* es: «Dios los bendiga».

En lo que implica tener éxito, ganar o ser libre, no hay problema, ¿quién no lo quisiera? Pero para eso tienes que explotar tus recursos, hacer prosperar tu pequeño capital personal para invertirlo prudentemente. Cada uno debe ser capaz de hacerlo contando SOLO consigo mismo. Aquí no es posible desarrollar como se debería la noción plurívoca de individualismo. En estricto rigor vemos que, desde fines de los años 1970, dicha noción conoció una nueva versión sobre la idea de autonomía. Como señala Alain Ehrenberg, «la acción autónoma es el estilo de acción más valorizada, el que más esperamos y respetamos, el que tiene mayor prestigio por ser considerado como el más eficaz instrumentalmente y el más digno simbólicamente. Estos ideales entraron en nuestras rutinas, se incorporaron a gran parte de las situaciones cotidianas y forman nuestra nueva costumbre. Estamos frente a un nuevo espíritu de la acción respecto al valor supremo que es hoy la autonomía[34]». Recordemos la figura del empresario tal como fue ensalzada en los años 1980.

La autonomía estadounidense difiere mucho de la nuestra porque está fundamentalmente marcada por el puritanismo, por una fuerte rela-

34. Alain Ehrenberg, *La Société du malaise, op. cit.*

ción con la comunidad y un marcado sentido de la competencia. La idea de una redención siempre posible del individuo también es central. Este modelo norteamericano ahora está en problemas. En Francia, pero más ampliamente en Europa Occidental, es el retroceso de la protección colectiva lo que genera inquietud, un malestar, que con un mismo movimiento, conduce mucho más a que cada uno porte la responsabilidad y se haga cargo de su situación. En otras palabras: «Si fracasas o flaqueas, la responsabilidad es solo tuya». Con el DP, la causa de los problemas personales es *únicamente* psicológica (las famosas «creencias limitantes»). Nunca es social ni política. Mientras que en los años 1960-1970 la autonomía tenía como corolario una crítica al sistema (quizás automática, pero de todos modos una crítica), ahora solo tiene como horizonte limitado el confort subjetivo. Vemos bien hasta dónde puede llevar la promoción de la autonomía y hasta qué punto lo colectivo puede verse fragilizado. Incluso cuando las obras del DP siguen proclamando la necesidad de abrirse al otro, de escucharlo, de ser benevolente, el enfoque que implica se hace sin el otro. No se requiere ninguna intersubjetividad, esta llegará por añadidura, si todo va bien, después de la afirmación del Yo. Pero no en la construcción de ese

Yo. El Otro aquí no es más que una figura vacía, una abstracción, con la cual la aplicación de recetas ocupará un lugar de intercambios.

Porque el DP se quiere autónomo. Frente a la tradición, las creencias, los dogmas como las Iglesias. El hombre del DP, el hombre nuevo, se crea desde sí mismo y por sí mismo. Él se mide, él se juzga, tanto y tan bien que al final solo ve el mundo a través de su propia persona. El momento crucial es el de la decisión. Con un acto de «libertad», plantea la necesidad de cambiar, rompiendo así con el orden precedente de las causas y los efectos e instituyendo uno nuevo. Solo se debe a sí mismo. Esto releva del pensamiento mágico.

He aquí la libertad del DP: la de cambiar y adaptarse. ¿Adaptarse a qué? Al mundo que viene. Porque el mundo cambia, mi buena señora, todo cambia. Nada queda, y hay que ser capaz de seguir el constante movimiento. El miedo al desempleo, el miedo al desclasamiento, el miedo a no poder hacer frente son agujas potentes. Pero ¿qué le queda al individuo ideal del DP cuando se desprende de las pertenencias y las aflicciones que le impiden la búsqueda de sí mismo? Le quedan las historias que se cuenta.

Esto no sería suficiente para hacer sociedad. Necesitamos mitos porque toda comunidad crea su propio imaginario. Si la autonomía se ha impuesto, si el DP contribuye a conformar un nuevo imaginario, todavía le faltan partes de un mercado a conquistar. Para hacerlo, puede encontrar un aliado de peso en el mito más profundo de nuestra sociedad: la omnipotencia de la ciencia. Omnipotencia que supone un control de la realidad por su recorte en unidades simples, esta cuantificación garantiza una alta predictibilidad. El Yo es una de esas unidades. No porque el DP posea algo de científico en su enfoque, sino porque capta esta idea, apenas consciente porque está integrada al aire de los tiempos, de un control siempre posible de las situaciones. Este voluntarismo ha reemplazado totalmente la forma de fatalismo frente a los acontecimientos que por mucho tiempo prevaleció en nuestras sociedades. Ahora, siempre hay algo que hacer, una solución que encontrar, al igual que siempre hay un responsable de lo que pueda ocurrir. En plena pandemia del COVID-19, medíamos hasta qué punto la ciencia aparecía solo como el único recurso frente a la amenaza. Mientras que las epidemias del pasado hacían marchar las procesiones detrás del obispo, hoy la esperanza reposa únicamente en la vacuna. Por supuesto, siempre podemos rezar, pero por el éxito de la investigación médica. Fenómeno interesante, porque la pandemia reaviva el recurrir a pensamientos irracionales siempre listos a emerger a la superficie de nuestras consciencias contemporáneas, que sin embargo parecen tan seguras de su dominación sobre la realidad.

La psicología positiva se había autoproclamado como «ciencia de la felicidad». Algo así como el asno vestido con piel de león en la fábula de La Fontaine, pretendía conseguir que sus conclusiones fueran todavía más convincentes dándoles la apariencia de enunciados debidamente probados. Ahora, en el mercado de las verdades, la hegemonía es ejercida por las neurociencias. Más precisamente, las neurociencias cognitivas, que tienen como objetivo de investigación mecanismos vinculados a la cognición (lenguaje, razonamiento, emociones, memoria...). Las esperanzas que suscitan las ciencias cognitivas en el campo del tratamiento de un cierto número de patologías –enfermedades neurodegenerativas, pero también depresión, anorexia y bulimia, epilepsia...–, tienden a hacer de esta rama la nueva panacea. Además, la Educación nacional es cercana a sus aplicaciones, lo que no es buena señal.

Las neurociencias también ganan en otros sectores, y se habla de «neuromarketing», de «neuromanagement», incluso de «neuroderecho» porque las imágenes cerebrales mostrarían las anomalías que conducen a un malestar neuropsicológico hacia un comportamiento peligroso. Leer en la cabeza de la gente, ¡pero qué gran avance para la humanidad! Así, la emoción vuelve a ser centro de interés de los científicos: el conocimiento del cerebro podría influir sobre la comprensión del mundo social. Esta concepción materialista de la realidad humana (nuestros comportamientos son simplemente dictados por el cerebro) tiende a reducir el campo de explicaciones a una causalidad única, cerebral. ¿Pero qué imagen tienen las neurociencias de nosotros?

¿Por qué este desvío por las neurociencias? Porque su visión del ser humano y de lo social arroja luz sobre la del DP, exceptuando que aportan todo el peso del aparato científico y de su modo de administración de la prueba. Y, tal como el DP, las neurociencias nos presentan recibiendo un potencial oculto que depende de nosotros explotar. Por un lado, está nuestro Yo suficientemente plástico para que al ejercerlo podamos hacerlo cambiar y evolucionar, y, por el otro, nuestro cerebro. En ambos campos, el individuo puede llegar a transformarse a sí mismo. En ambos campos prevalece el mismo ideal de autorrealización. En ambos campos, tal como lo explica Ehrenberg, «el individuo, ya sea esquizofrénico, deprimido, hiperactivo o en plena salud mental, es presentado sistemáticamente como un sujeto práctico confrontado a problemas por resolver, que debe hacer elecciones y tomar decisiones ajustando los medios a los fines[35]».

Hay un trasfondo antropológico casi desapercibido en esta visión del individuo. En Francia, tendemos a considerar la Ilustración como un fenómeno nacional. Pero la corriente anglo-escocesa no solo proporcionó el impulso inicial a este movimiento mayor, sino una contribución esencial, sobre todo en su enfoque del cuerpo social. A una visión holística de la política –la sociedad es un todo donde tienen sentido los fenómenos que se desarrollan y no se reduce a la suma de sus partes– tal como la de Rousseau, se opone la de pensadores como Hume, que estiman que la sociedad resulta de una asociación, o sea de la agregación de individuos. Con sus relaciones e interacciones, los individuos automáticamente hacen sociedad. Se concibe al ciudadano como un individuo libre, capaz de decidir lo que es bueno para él, e ilu-

35. Alain Ehrenberg, *La Mécanique des passions, op. cit.*

minado por sus experiencias. Este modelo está experimentando un nuevo florecimiento con las neurociencias.

Además del ideal de autonomía y al de una sociedad vista como una asociación regida por relaciones entre iguales, hay otra marcada tendencia, tal como lo evidencia Norbert Elias: la adquisición del autocontrol[36]. Según Elias, esta fue promovida a partir del siglo XVIII, al momento en que el Estado capta la violencia privada de los nobles para su propio beneficio, antes de imponerse lentamente al conjunto de las sociedades de Europa occidental. Desde entonces, la economía psíquica, afectiva y pulsional reposa en la auto restricción. Las neurociencias retoman esta preocupación de autorregulación para sí mismas. Mientras todo el tiempo incriminamos sobre la pérdida de los marcos de referencia habituales (familia, Iglesia, escuela...), olvidamos que la liberalización de las costumbres está acompañada de un movimiento de autodisciplina anterior, pero continuo. Una vez más, porque el individuo contemporá-

36. Norbert Elias, *La Civilisation des moeurs*, Pocket, 2002 (edición original, en alemán: *Über den Prozeß der Zivilisation*, Verlag Haus zum Falken, 1939); *La Dynamique de l'Occident*, Pocket, 2004 (basado en el segundo volumen de *Über den Prozeß der Zivilisation*); *La Société des individus*, Pocket, 2004 (edición original, en alemán: *Die Gesellschaft der Individuen*, 1939).

neo es considerado responsable no solo de sus actos, sino también de su situación, es él quien debe tratar de mostrarse a la altura de las situaciones y por lo tanto aprovechar sus potencialidades.

Como resume Ehrenberg, «las neurociencias sociales se sitúan perfectamente en la herencia de la moral escocesa del hombre sociable, en la medida en que vincula a la naturaleza biológica humana la idea de que la realización personal y la cooperación con los otros, el bienestar individual y el de la sociedad son indisociables. [...] La asimilación entre cooperación y bienestar pasa por el autocontrol, por la *self-regulation*, que es un control emocional. Ser capaz de cooperar es estar bien socializado y estar bien socializado es un signo de bienestar[37]».

Mientras que el DP se presente y sea presentado como un enfoque individual, por no decir individualista, sus implicaciones sociales deben ser previstas. Y mucho más cuando, como acabamos de ver, es uno de los afluentes del nuevo río que irriga nuestra condición contemporánea, la de un individuo que ha asimilado que debe hacer fructificar la cartera de sus competencias con el fin de seguir el cambio permanente-

37. Alain Ehrenberg, *La Mécanique des passions, op. cit.*

mente. Mientras que el DP pretende, mediante una forma de difusión moral ingenua, que la benevolencia se difunda en la sociedad, no es esta la que se difunde, sino el imperativo de adaptación. El nuevo modo de gestión de las emociones, de la interioridad por el autocontrol y la auto vigilancia, adquiere el aspecto de una libertad de sentirse mejor. El método por adoptar (PNL, terapias comportamentales y cognitivas, *emotional freedom techniques*...) queda a la libre apreciación de quien lo elige como en el supermercado, pero el objetivo es el mismo. No reconectarse con su «Yo profundo», sino hacerlo más maleable para lo que se espera de él. Entonces lo que se instaura es una nueva «forma de vida».

Capítulo 2

El management por el desarrollo personal

Quien quiere viajar lejos maneja su montura

Lo que llamamos «tiranía del bienestar[38]», según un oxímoron muy bien adaptado, hace algunos años que se insinúa en las mentalidades. Una tiranía es mucho más eficaz cuando avanza oculta y adornada de buenas intenciones; la cosa es conocida, Tocqueville ya escribía: «Ese despotismo sería más extenso y suave, y degradaría a los hombres sin atormentarlos[39]». Pero no contento con inmiscuirse en nuestras vidas privadas, el DP también penetra en la esfera profesional. Es de la empresa privada, tal como nos la presentan como modelo insuperable, de lo que trataremos aquí. La distinción privado-público tiene cada vez menos

38. Benoît Heilbrunn, *La Tyrannie du bien-être*, Pocket, 2020.

39. Alexis de Tocqueville, *De la démocratie en Amérique*, 1835 y 1840.

sentido porque lo público debe convertirse en las buenas prácticas de lo privado. Es así como el *new public management,* impuesto en las grandes administraciones francesas, es un buen ejemplo de lo que implica la adoración del becerro de oro Eficacia. Es muy evidente en el caso del hospital, como hemos podido constatar, y como nuevamente constataremos, es para temer.

Según Adam Smith, el trabajo libre es más rentable que el trabajo de los esclavos. De hecho, estos últimos tenderían a carecer de motivación. Afortunadamente, desde que esta abominación fue –oficialmente– abolida, hemos hecho considerables progresos porque incluso la antigua forma de management (terriblemente vertical y tan poco amigable) ahora ha caído en el olvido de la historia de la explotación. Dicho esto, cuando se emitía una exigencia desde arriba de la jerarquía hacia abajo, las cosas tenían el mérito de ser claras. Se obedecía o no, se discutía, se argumentaba, pero, sobre todo, como último recurso, había muchas maneras de hacer las cosas.

Hemos pasado claramente a un modo de gestión y de comunicación horizontal. Ahora ya no hay jefe, sino un *manager* dentro de un equipo. No hay trabajadores, sino colaboradores. Espacios de trabajo más abiertos y amables.

Ya no nos tratamos de usted, todos se tutean. En suma, olvidarse del management por la coacción y dar lugar al management con la confianza[40]. ¡Yupi! «Hay resultados evidentes en la productividad y en la calidad de compromiso del personal. Hay menos bajas médicas, menos ausentismo, menos rotación de personal, y, por lo tanto, mejores resultados económicos[41]». ¡Hurra! La prueba es que la benevolencia en el trabajo se paga. Cada uno deberá sentirse valorizado para ser tomado en cuenta. Y, por supuesto, cada uno deberá mostrarse a la altura de las expectativas.

Optemos por una definición simple: «El management es la implementación de los medios humanos y materiales de una empresa para conseguir sus objetivos[42]». A nadie le choca que se considere a los humanos como medios para conseguir fines desde que la expresión «recursos humanos» entró al lenguaje común:

---

40. Ver a este propósito a James C. Scott, *La Domination et les arts de la résistance. Fragments du discours subalterne*, Éditions Amsterdam, 2019 (publicado originalmente en inglés: *Domination and the Arts of Resistance: Hidden Transcripts*, Yale University Press, 1992).

41. Esto es para probar mi buena fe; el que ríe tiene una prenda: https://www.widoobiz.com/2019/02/07/le-management-est-mortvive-le-nouveau-management/

42. Definición de Wikipedia, página consultada el 10 de julio de 2020: https://fr.wikipedia.org/wiki/Management

basta de sentimentalismo. Por lo demás, con el fin del consenso de la posguerra entre empleadores y trabajadores, el desempleo masivo y la creciente precarización de los contratos, se ha producido una desinversión paralela en los «colaboradores». La inflación de indicadores, de *processes* o de *reportings* solo ha conseguido encerrar a los trabajadores en un remate de cifras. Aunque muchas veces las empresas se han confrontado a un fenómeno muy conocido en la URSS, la falsificación de las cifras. Es tan tentador anunciar a sus dirigentes lo que quieren escuchar.

Todo esto es conocido, y las críticas fundadas y dirigidas al management son numerosas. Lo que aquí nos interesa es ver cuáles son los lazos que mantienen el management y el DP y lo que estos implican. Estos fueron cuidadosamente estudiados en el trabajo precursor de Valérie Brunel publicado a inicios de los años 2000[43]. Después, las cosas se acentuaron. Sin duda el que las relaciones entre trabajo y salud mental siguieran degradándose por más de veinte años no es más que una desafortunada coincidencia. No hay por qué extrañarse de que la misma

43. Valérie Brunel, *Les Managers de l'âme. Le développement personnel en entreprise, nouvelle pratique de pouvoir ?*, La Découverte, 2004.

palabra regrese en ambos campos: autonomía. Aquí, el uso es de una simplicidad bíblica: se le anuncia al trabajador que se le confía un proyecto, se le asigna un objetivo y magnánimamente se le otorga toda la autonomía que requiera para lograrlo («arréglatelas»). Por cierto, puede reformular las cosas a su manera (incluso es deseable que lo haga), con el fin de apropiarse completamente del proyecto. Al sentirse más responsable de su éxito, interioriza la obligación del logro. Sin embargo, sería imprudente llevar este estímulo a la autonomía para dejarlo decidir sobre el objetivo, eso sería pasar de la confianza a la ceguera. En cuanto a querer que la autonomía esté acompañada de los medios y las capacidades que necesita, eso sería manifestar una exigencia que llevaría al exceso de confianza. Y vemos también un efecto secundario interesante: al responsabilizar a un individuo que solo puede contar con sus propios recursos, se lo aleja de la idea de lo colectivo. ¿Dividir para reinar? ¡Afirmativo, mi capitán!

Lo mismo ocurre con la responsabilidad de ese trabajador en el mantenimiento de su empleabilidad. Lentamente, esta se ha convertido en la suma de medios implementados para seguir en la competencia por el empleo. Eso comprende las competencias, los comportamientos y las actitudes que un empleador espera del candidato. Dicha empleabilidad entonces reposa en el individuo, independientemente de cualquier contexto económico y social, y remite, aquí también, a su autonomía y a un potencial a revelar y explotar.

Por lo demás sabemos que esta famosa necesidad de «realizarse» fue reciclada por el capitalismo después de mayo del 68[44]. El capitalismo procede según un modo de desarrollo dialéctico que le permite integrar la contradicción para apropiársela: él es la revolución permanente. Ciertamente, la fábula de la realización en el trabajo (siempre posible, por cierto, no seamos fatalistas) se ha desvanecido. Pero nunca hay que desesperar del talento humano ni del management. La prueba es que ha sabido ganar para su causa la psique misma de sus «colaboradores». Ciertamente, el reajuste que se produjo en los años 1990 sobre la noción de empresa «orientada al cliente» condujo a la elaboración de nuevas nociones, como las de «competencias» y «saber ser». Nociones lo suficientemente ambiguas para permitir todas las interpre-

---

44. Luc Boltanski y Ève Chiapello, *Le Nouvel Esprit du capitalisme*, Gallimard, « Tel », 2011; en particular el capítulo VII, « À l'épreuve de la critique artiste ».

taciones. En cambio, llevan las expectativas manageriales más adelante todavía, y obligan al trabajador a cuestionarse su manera de ser y de ser con los demás. A la obtención objetiva de resultados ahora se deben añadir las capacidades subjetivas para conseguirlo. Es aquí que se ata el lazo entre la autorrealización y la eficacia personal. No es de extrañar entonces que constatemos un número creciente de patologías ligadas al trabajo, y el estrés y el *burn out* en primer lugar. La descalificación de los oficios y de la experiencia, relativizada por la obligación de siempre renovarse, infunde la duda entre los trabajadores que, lejos de encontrar un sentido en este ahogo permanente, pierden el de su trabajo.

De ahí que la personalidad misma del trabajador se haya convertido en un problema y que el DP desempeñe un rol en la empresa. Así lo podemos leer en un libro destinado a profesionales: «El desarrollo personal es una verdadera demanda de las empresas de hoy. Los empleadores esperan que sus colaboradores desarrollen y manejen los *soft skills,* es decir el escudo de las competencias ligadas al saber ser. A igual nivel de conocimiento y de experiencia empresarial, son las competencias comportamentales las que hacen la diferencia, que son cada vez más reconocidas, y que las organizaciones y los managers deben aprender a evaluar mejor[45]». Cuando el trabajo es escaso, «hacer la diferencia» es una necesidad. Esto también ocurre con el descubrimiento y la explotación de competencias ocultas. Todas las herramientas del DP se pondrán a funcionar: terapias comportamentales y cognitivas (TCC), análisis transaccional, PNL, comunicación no violenta... Como por ejemplo la ventana de Johari, uno de los modelos utilizados entre muchos otros:

REPRESENTACIÓN DE LA VENTANA DE JOHARI

Zona pública	**Zona ciega**
Conocida por mí y por los otros	Conocida solamente por los otros
Zona oculta	**Zona desconocida**
Conocida solamente por los otros	Conocida por mí y por los otros

Las empresas organizan formaciones idóneas o recurren a formadores, consultores o coaches que juegan el rol de mercenarios. No hay que creer que los «colaboradores» son los únicos privilegiados. Se hace coaching también a las parejas y a los niños. Gracias a diligentes

45. Laurent Lagarde, *La Boîte à outils du développement personnel en entreprise*, Dunod, 2014.

dispositivos fiscales, también se han desarrollado asociaciones entre el coaches y la Educación nacional. El mercado del éxito escolar ya está constituido. Efectivamente parece que «la angustia de no tener el éxito buscado es real para una franja importante de alumnos, porque el 45,1 % de ellos han afirmado tener ese sentimiento[46]». En lo que atañe al mercado del miedo, todo va bien, muchas gracias. Nuestros queridos niños no caminan con los mismos pasos de sus ancestros, sino que los preceden en la costumbre de dejarse dirigir personalmente.

¿Pero esto es condenable? Al fin y al cabo, ¿no hay que darle al mal tiempo buena cara, y adaptarse, año tras año, a la evolución del mundo? El coaching como el DP deberían ser vistos como verdaderos aliados para ganar un lugar en un mundo de recursos escasos.

Se habrán dado cuenta de que pasamos subrepticiamente del DP al management, de una búsqueda de sentido individual a la búsqueda de la eficacia profesional, de un desarrollo personal a un desarrollo para otra cosa. Y si en

46. Informe de Unicef, *Écoutons ce que les enfants ont à nous dire. Adolescents en France, le grand malaise. Consultation nationale des 6-18 ans*, 2014, citado en Anne-Claudine Oller, *Le Coaching scolaire. Un marché de la réalisation de soi*, Puf, 2020.

el primer caso se puede presentar el enfoque como resultante de una elección, en el segundo se vuelve obligatorio. Como resume Valérie Brunel, «el discurso del desarrollo personal en la empresa es una ideología en el sentido en que apunta a recuperar la demanda social de reflexividad para inscribirla en un proyecto de racionalidad instrumental. Las representaciones que ofrece sobre el individuo, sobre el sujeto y sobre la vida social no buscan la verdad, sino que sirven a una función managerial[47]».

¿Acaso el discurso del DP en la empresa es sesgado, desviado de su función primordial para fines extranjeros? Al contrario, está en su elemento. La divulgada autonomía del trabajador solo es una red que lo envuelve, tan engañosa como lo es la supuesta autonomía inherente al DP. La reducción del horizonte de ese mismo trabajador a su propio interés es idéntica al individualismo personalizado del DPista. Su relación con los demás no es el resultado de una sociabilidad espontánea, sino, al igual que su comportamiento, una codificación regida por normas impuestas. La visión managerial es la forma depurada de un sistema de cambio permanente y de competencia generalizada.

---

47. Valérie Brunel, *Les Managers de l'âme, op. cit.*

Para ella, el cambio es bueno *en sí*, como las reformas. Esta visión tiende a imponerse al conjunto de la sociedad, como claramente lo ilustra el coaching. Por último, el discurso managerial, sostenido por el DP, oculta una cuestión esencial y que marca la única distinción aun perceptible entre uno y otro, la del poder.

Todo es político

Que la producción de bienes o de servicios exige una organización que no repose únicamente en la dominación o la explotación, está claro. Pero debemos recordar que tampoco es una simple emanación de leyes «naturales» de gestión. Es un defecto constante que postula que la racionalidad lleva en sí misma una objetividad y una neutralidad que justifica que se la obedezca. Entonces, las prácticas de gestión se presentan como irrefutables porque reposan en la síntesis de usos validados por la experiencia o cifras supuestamente irrefutables. Un rasgo que se acentúa con la informatización: no se negocia con un software.

Porque el management y la gestión ya no deben considerarse como disciplinas igual que las otras, que tratan de su materia, que aplican sus técnicas, separada y académicamente. No se ejercen solamente entre los muros de la empresa, porque su objeto ahora es la sociedad entera y el ser humano enteramente. La gestión se ha convertido, según la acepción tan manida de Marcel Mauss, en un «hecho social total[48]».

No hay que dejar el management a los managers. Entre los investigadores en ciencias humanas, Thibault Le Texier hace un original análisis del management[49]. Establece su genealogía y así recuerda que los primeros manuales destinados al público en el siglo XVIII se referían a las madres de familia, a los directores de escuela, a los agricultores o los ganaderos. Porque no es la ganancia la que importa, sino la eficacia del cuidado. Se les explica a quienes se ocupan de una casa, de los niños o de los animales cómo organizarse para administrar del mejor modo su actividad. En otras palabras, el management no es una emanación del capitalismo moderno

48. Así define Mauss esta noción: «Los hechos que hemos estudiado son todos, si nos permiten la expresión, hechos sociales totales, o si se quiere –aunque la palabra nos gusta menos– generales, es decir, que ponen a funcionar en algunos casos a la totalidad de la sociedad y de sus instituciones (potlatch, clanes enfrentados, tribus que se visitan, etc.) y en otros casos solamente a un gran número de instituciones, particularmente cuando esos intercambios y esos contratos conciernen sobre todo a los individuos». Marcel Mauss, *Essai sur le don. Forme et raison de l'échange dans les sociétés archaïques*, en *Sociologie et anthropologie*, Puf, 2013.

49. Thibault Le Texier, *Le Maniement des hommes. Essai sur la rationalité managériale*, La Découverte, 2016.

o de la empresa: utiliza un modo de pensamiento que le preexiste. A partir de la Revolución industrial, el management se convierte en un modo de gestión de las masas de trabajadores reunidos en las fábricas, que salen así de la esfera doméstica para entrar en la de la economía. Como resume Le Texier, «el *homo managerialis* ya no es solo un niño que se debe cuidar, sino un instrumento de trabajo que conviene arreglar, controlar y optimizar racionalmente. Su dependencia es un hecho cuyos efectos nefastos el manager debe atenuar: es un resultado planificado cuya tarea ahora es producir. En otros términos, el management se convierte en una sujeción»[50]. Claramente, se quiere llegar a la mejor organización posible en nombre de la racionalidad, siempre pidiéndole al individuo conformarse a este orden nuevo y exterior.

Más todavía, saliendo de la lógica artesanal y de una relación directa del productor con el producto y el cliente, la fábrica del pasado y la empresa de hoy segmentan cada acción. Como pasa con las descripciones de los puestos que establecen cada tarea realizada por el trabajador, según una lógica analítica llevada a su paroxismo. Es este espíritu de descomposición, de

50. *Ibid.*

fragmentación, de segmentación, que, a medida que entra en el detalle, agrega la mesura y el control. «La gestión se convierte en un arte de las mediaciones de sí a los objetos, de sí a los otros y rápidamente también de sí consigo mismo»[51]. Lo que era obvio ya no lo es, en sentido propio, porque está bloqueado por el control que detiene el movimiento de conjunto que era, por ejemplo, el del artesano. Y mientras este se distinguía por su personalidad propia, por su habilidad, su estilo, la organización managerial despersonaliza a quienes se convierten en ejecutantes. Al menos hasta fines del siglo XX, porque, con el neoliberalismo, es una nueva forma de ejercicio del poder que se implementa y que designamos con la palabra «gobernanza». Como ya hemos visto, el resultado es el management horizontal.

Pero si en tiempos del taylorismo los ingenieros se encargaban de la gestión y los antiguos militares de los recursos humanos, en nuestros días la obediencia, por lo demás bastante visible, ya no basta. Se exige compromiso. La atención dada a las máquinas por los ingenieros se ha desplazado: los managers vigilan a los trabajadores. El individuo en su totalidad,

51. *Ibid.*

podríamos decir en cuerpo y alma, está concernido. Se ha empujado el perfeccionamiento de las máquinas con el fin de hacerles ganar en eficacia y se entiende seguir esta misma lógica para los trabajadores. Pero si en el primer caso nos quedábamos en la técnica, en el segundo, opera una «racionalidad gubernamental en sí»[52].

¿Será porque las preocupaciones humanistas del neo-management son ilusorias? «El manager muta cada vez más en padre y pierde su todopoderoso estatus de patrón. Está en medio de sus equipos y no arriba, es un miembro del equipo como los demás, pero con responsabilidades suplementarias. Eso cambia todo pues se pasa de un jefe que pone el equipo a su servicio a un manager que se pone al servicio de su equipo[53]». Ciertamente lo son si las tomamos al pie de la letra: el «colaborador» siempre tiene que hacer lo que se le pida hacer. Pero a excepción de esto, qué avance, reconozcámoslo: ya no hay jefes. ¡No más jefes! Este concepto obsoleto en el que vivimos hace milenios. Desde que el hombre es hombre de hecho. Por supuesto, todavía hay algunas recaídas. Como la creencia

52. *Ibid.*

53. https://www.widoobiz.com/2019/02/07/le-management-est-mort-vive-lenouveau-management/

en la asunción de un hombre o de una mujer providencial cada cinco años. Pero si no, ahora, todo eso se ha terminado. Me dirán que hay una trampa. Y sí, siempre la hay. El jefe ya no está, pero no por eso ha desaparecido.

El management tradicional dominaba, dirigía, ordenaba. El nuevo management convence, seduce, entrena. Tomemos esa práctica que consiste en reformular los objetivos fijados con el fin de apropiárselos (vieja magia sacada de la PNL). En realidad, no se trata tanto de apropiarse de ellos (quedan los de empresa) sino de interiorizar la necesidad de lograrlos. Ya no se trata de ejecutar, más o menos bien una tarea, sino de *invertirse*, es decir, en sentido propio, «invertir se» en un proyecto. Así es como entra en la intimidad del «colaborador». Y dado que los proyectos se suceden unos a otros, y porque el cambio ocurre todo el tiempo, eso mantiene una forma de retroceso permanente, al contrario del antiguo modelo, que él, al menos, perennizaba la acumulación cognitiva y la experiencia. Como lo escribe el sociólogo Vincent de Gaulejac, «al aceptar jugar el juego, los empleados quedan atrapados, a pesar suyo, en una construcción procedimental que los sujeta a un poder normalizador al cual [se adhieren] mucho más fácilmente cuando son solicitados para contribuir a la elaboración de esas normas[54]». Llevar a los demás a forjar sus propias cadenas. ¿Qué dictador no lo habría soñado? En suma, es la alienación al cuadrado.

Mientras nos llenamos la boca con la grandeza de nuestra democracia, aceptamos tranquilamente que esta se detenga en las puertas de la empresa. Algo habitual en todas partes, menos ahí. Donde pasamos la mayor parte del día, de hecho. «Si, pero ahí... no es lo mismo», escucho siempre. ¿Porque es la razón económica la que debe primar? Es un bluf. La política en la empresa es así, digan lo que digan.

Porque la empresa ya es un colectivo que funciona según ciertas reglas. Pero esas reglas no son por esencia antidemocráticas. La cultura empresarial, en sus usos y hábitos, difunde prácticas menos formalizables y más discretas que las normas democráticas, pero que provienen de la historia misma de esta empresa y se imponen como evidencias. Por eso cada trabajador entiende que la honestidad y la justicia, por ejemplo, se imponen como valores esenciales. De ahí la contradicción entre ambas lógicas, la del ciudadano democrático, igual a todos ante la

54. Vincent de Gaulejac, *La Société malade de la gestion. Idéologie gestionnaire, pouvoir managérial et harcèlement social*, Seuil, 2005.

ley, y la de la organización, tejida de múltiples diferencias y desigualdades (las diferencias de salarios entre hombres y mujeres es el ejemplo por excelencia). El Código del Trabajo, por lo demás, afirma expresamente la relación de subordinación que existe entre el empleador y el trabajador. Aunque ahora este último depende cada vez más (en la forma neoliberal ideal que está al borde del éxito) de los inversores. Son ellos los que deciden y en definitiva no tienen que rendirle cuentas a nadie. La justificación es que invierten su dinero en una empresa. Pero los trabajadores, ellos, invierten su trabajo.

Invertirse o ser invertido

En un régimen neoliberal el lugar del Estado es esencial porque no se le pide mantenerse al margen, sino más bien intervenir en el juego económico con el fin de hacerlo más fluido, levantar obstáculos eventuales legislando, y por supuesto, inyectando liquidez en caso de crisis. El Estado y el mercado tienden a confundirse, y la frontera entre política y economía se estrecha.

Nos referíamos antes a una «nueva forma de vida» por medio de la auto restricción y el autocontrol que promueve el DP y por la adaptación permanente que este requiere. Esta viene de lejos y ahora se presenta como una libertad conquistada. El DPista busca promover su autoestima, acceder a su Yo, desarrollar sus potencialidades y darle sentido a su vida. Para hacerlo, implementará un cierto número de hábitos que también son procedimientos. En el caso del DP como en el del management, el individuo se organizará, se autogestionará, se evaluará, en suma, se dirigirá a sí mismo –la creación del estatus de autoemprendedor lo ilustra con claridad–. Es una misma racionalidad que funciona. Por supuesto, en ambos campos, privado y profesional, no se trata de obligar, sino de incitar, siempre incitar, sugerir, persuadir. La obligación es externa, impuesta desde afuera; la necesidad puede ser interna y aparecer como emanando de uno mismo. Esto quiere decir que el reclutamiento no puede ser solamente de apariencia, sino que debe llegar a las conciencias.

La noción de *empowerment* ha sido reutilizada en este sentido. Según Marie-Hélène Bacqué y Carole Biewener, «el *empowerment* implica un enfoque de autorrealización y de emancipación de los individuos, de reconocimiento de los grupos o comunidades y de transformación social[55]». Término utilizado en los años 1970 en un contexto de luchas feministas y sociales, ha sido reciclado en un sentido diferente por el management que mantiene una relación muy particular con el lenguaje. La energía emancipadora se ha convertido en inversión en el trabajo. De ahí vienen los cánticos entonados a viva voz y *ad nauseam*, sobre «la realización en el trabajo» (aunque *mezzo voce* desde hace algún tiempo).

La socióloga Sophie Le Garrec utiliza la expresión «singularización estandarizada»[56] para calificar el modelo neomanagerial. El DP quiere dirigirse a todos, como si su mensaje fuera universal. Pero se trata de un universal vacío, de forma simple, y no de un universal concreto que propone una experiencia real. Una misma estandarización que muestra el número de ventas de obras del DP.

Entonces el trabajo ya no es una «actividad», sino el lugar de expresión de uno mismo, de realización de uno mismo y de reconocimiento del trabajador. La lógica misma del DP. Y todos contentos, porque el *empowerment* del trabajador se suma al de la empresa. Una relación

---

55. Marie-Hélène Bacqué y Carole Biewener, *L'Empowerment, une pratique émancipatrice ?*, La Découverte, « La Découverte/Poche », 2015.

56. Sophie Le Garrec (dir.), *Les Servitudes du bien-être au travail*, Érès, 2021.

ganador-ganador que tanto gusta. No hay duda de que el trabajador representa ciertamente un capital humano para la empresa. Pero, más simplemente, su fuerza de trabajo.

Ahora todo es capital: se invierte en su vivienda (que debe revalorizarse y revenderse con plusvalía), en sus estudios, en sus relaciones sociales y por lo tanto en sí mismo desarrollando sus competencias y empleabilidad. El sujeto neoliberal se vuelve inversor de su propio Yo. Como muestra el filósofo Michel Feher, nos hemos convertido en «invertidos», es decir, «proyectos que tratan de hacerse apreciar[57]» por los inversores, ya sean empleadores o prestadores. Con todos los riesgos que implica esta especulación sobre sí. Es necesario venderse, no en el sentido corriente de la expresión, sino vender nuestro Yo, en un enfoque de marketing de uno mismo. Se puede hablar de *personal branding*. Entonces conviene fabricar un Yo, una identidad que convendrá a los inversores. El DP es una ayuda objetiva para este proceso. ¿Entonces, dónde está la verdad de un individuo?

Al igual que es fácil crearse un avatar en Internet e inventarse otra identidad, el «desarrollo-management-personal» (o sea el DMP), por decir-

57. Michel Feher, *Le Temps des investis,* La Découverte, 2017.

lo de este modo, conduce a la artificialización de las existencias. Como resume Vanina Pápalini: «Hay una clara primacía de las representaciones mentales sobre las condiciones de vida concretas, que llega incluso a la fantasía. [...] La materialidad de la existencia es disuelta en esas representaciones y estas son susceptibles de ser transformadas[58]». Es muy práctico. Esto denota sobre todo una relación particular con el lenguaje.

Los autores del DP siempre me impresionan por su prolijidad. ¡Cuánta verborrea! Especialmente cuando alguno consigue vender una de sus publicaciones, e inmediatamente publica otra. Después otra. Y luego otra más. Tomemos el ejemplo de *Agir et penser comme un chat*[59] de Stephane Garnier[60]. El título es explícito, para tomarlo al pie de la letra, lo mismo que el contenido, como lo precisa su autor: «¡Evidentemente el gato vive mucho mejor que nosotros! ¿Por qué no seguir su ejemplo? Es lo que hago al descifrar

---

58. Vanina Papalini, *La Formation de la subjectivité dans la culture contemporaine. Le cas des livres de bien-être*, tesis doctoral, université Paris 8, 2008, tercera parte, « Force et fragilité de la subjectivité », https://www.academia.edu/607502/La_formation_de_la_subjectivitédans_la_ culture_contemporaine_Le_cas_des_livres_de_bien_être_Thèse_doctoral_Chapitre_ 8?email_work_card=thumbnail

59. N. de la T.: «Actuar y pensar como un gato».

60. Stéphane Garnier, *Agir et penser comme un chat*, Les Éditions de l'Opportun, 2017.

su funcionamiento, sus aspiraciones, su modo de vida. Todo estaba ahí, delante mío, sin que me diera cuenta durante todos estos años[61]». Se nos recomienda entonces inspirarnos en la vida intensa de un gato de apartamento. Por supuesto para el lector esta será la ocasión de extraer sabios consejos y preceptos aclaradores: «No se puede dar nada a los demás si no sabemos darnos algo para nosotros mismos», o «¡Libérense de la mirada de los demás!», «¡Sigan siendo ustedes mismos![62]» o bien: «¡Sean curiosos! ¡Curiosos de todo! ¡Así vivirán mejor! ¡Maravíllense!», etc. Le recomiendo especialmente al atento y comprensivo lector el capítulo «El gato es in-de-pen-dien-te» (si, pero el gato no trabaja). La quintaescencia de este tratado se consigue cuando Garnier acaricia a su gato: «¿Por qué? Porque el interés que nos provocó, la fuente de vida y de serenidad que ponía en nuestras manos en ese momento, valía mucho más que cualquier consideración metafísica, reflexión filosófica u otro debate descabellado[63]». Seguramente, los metafísicos se quedarán boquiabiertos.

61. *Ibid.*

62. Esto es similar al título de la obra de Gilles Azzopardi, *Soyez vous-même, tous les autres sont déjà pris,* J'ai Lu, 2017.

63. Stéphane Garnier, *Agir et penser comme un chat, op. cit.*

La banda promocional del libro señala que se han vendido 200.000 ejemplares (después muchos más) y que se ha traducido a 29 lenguas. Un pésimo augurio para el futuro de la humanidad. Cuatro millones de años de evolución de la vida en la tierra para llegar a esto. Puesto que la profesión de poeta maldito ya no produce ganancia, incito a todos los jóvenes talentos a lanzarse en la empresa de autores del DP. Porque una vez vendido el primer libro, podrán desplegar el plan de marketing: *Actuar y pensar como un gato, edición limitada e ilustrada, Actuar y pensar como un gato, cuaderno de ejercicios, Actuar y pensar como un gato, segunda temporada* (sic). Siguiente etapa: la colección –hay que golpear el hierro mientras está caliente–. Con *Actuar y pensar como Darth Vader* o bien *Actuar y pensar como un caballero del Zodíaco*. Estamos de acuerdo en que Darth Vader no existe, ni tampoco los caballeros del Zodíaco, y que los autores van a sospechar de la forma de pensar de seres inexistentes fuera de su soporte de origen. ¿Cómo no maravillarse?

Por cierto, hemos escogido un ejemplo especialmente extraño. Pero reclamarse de la sabiduría de pueblos desaparecidos como lo hacen *Les Quatre Accords tolteques*[64] de don Miguel

64. N. de la T.: «Los cuatro acuerdos toltecas».

Ruiz[65], cuando el contenido del libro es tan tolteca como mi abuela, es pura farsa. El título original en inglés es *The Four Agreements* («Los cuatro acuerdos»). Para este caso se contabilizan dos millones de lectores. Es difícil no reír cuando Bourbeau en el prefacio de sus cinco *Blessures qui empechent d'etre soi meme*[66] dice: «Recuerdo que cuando hablo de DIOS, hago referencia a tu YO SUPERIOR, tu ser verdadero, ese YO que conoce tus verdaderas necesidades para vivir en el amor, la felicidad, la armonía, la paz, la salud, la abundancia y la alegría[67]». («Este libro cambió la vida de un millón de lectores», nos informa el editor. Si se suman a los dos millones de lectores de Don Miguel Ruiz, hay que comenzar a preocuparse). ¿Y qué pensar de los títulos de los capítulos del *Choisir sa vie*[68] de Tal Ben-Shahar (que enseñó la psicología positiva en Harvard, lo que se nos precisa cada vez que su nombre aparece en

---

65. Don Miguel Ruiz, *Les Quatre Accords toltèques. La voie de la liberté personnelle*, Jouvence poche, 2016 (edición original, en inglés: *The Four Agreements: A Practical Guide to Personal Wisdom (A Toltec Wisdom Book)*, Amber-Allen Publishing, 1997).

66. N. de la T.: «Las cinco heridas que impiden ser uno mismo».

67. Lise Bourbeau, *Les 5 Blessures qui empêchent d'être soi-même*, Pocket, 2013.

68. Tal Ben-Shahar, *Choisir sa vie. Apprendre à saisir sa chance*, Pocket, 2017.

alguna parte): «Cerrar los ojos sobre los tesoros de la vida o Estar abierto a maravillarse», «Descuidar su postura o Lucir orgulloso y confiado», «Resignarse al status quo o Ser alguien que cuenta», «Hacer su trabajo sin invertirse o Vivir su oficio como vocación», etc. No es simplemente que resuene en mi Yo profundo el aire del «te considero un tonto», es sobre todo que parece que se puede escribir y publicar cualquier estupidez sin que ello provoque alguna duda. Las palabras se suceden, las frases se encadenan y otro mundo se construye.

Victor Klemperer escribe: «La lengua no se contenta con poetizar y pensar en mi lugar, ella rige todo mi ser moral, mucho más naturalmente cuando me remito inconscientemente a ella»[69]. En la construcción de ese mundo de palabras que construye el DP, a esta ilusión que se presenta como si fuera lo más real de nosotros, el management le tiende la mano. Uno como el otro llevan a cabo una empresa de desrealización de nuestras vidas. Ya hay algo de eso en *Don Quijote*, que nos hace sonreír, y en *Madame Bovary*, que da tristeza. Hoy día los lectores del DP creen en eso.

---

69. Victor Klemperer, *LTI, la langue du IIIe Reich. Carnets d'un philologue*, Pocket, « Agora », 2003 (edición original, en alemán: *LTI. Notizbuch eines Philologen*, Aufbau-Verlag, 1947).

Al menos en parte, si referimos a los trabajos de Nicolas Marquis[70], que sin duda es de los más instructivos sobre el DP. En consecuencia, el sociólogo da la palabra a los lectores del DP con el propósito de medir el efecto producido por sus lecturas, a través de sus testimonios, pero también con las cartas que envían a los autores del DP. Este es un efecto siempre planteado, pero nunca realmente medido. Y la cuestión es importante. Como escribe Marquis, una misma palabra vuelve a menudo, la «brecha» que expresa la herida, la pérdida de referencia, el momento de crisis después del cual el lector tiene la impresión de no encontrar su lugar en el mundo. Mundo que diferencia de la sociedad donde los problemas, según él, no tienen soluciones políticas. Como hemos visto anteriormente, solo es por «capilaridad», por extensión progresiva de la transformación de cada uno, que la sociedad cambiará. La solución es ante todo individual y por lo tanto en completa lógica neoliberal.

Por lo tanto, el lector del DP puede ejercer su sentido crítico y, a veces, ciertos libros «no funcionan». Pero las obras no son incriminadas, y el

70. Nicolas Marquis, *Du bien-être au marché du malaise. La société du développement personnel*, Puf, 2014.

DP en tanto género nunca es cuestionado. Y «si el texto es considerado como creíble y comprometido, los lectores casi siempre se las arreglan para que no los decepcione, incluso cuando no les aportaría nada[71]». Corresponde al lector hacer el esfuerzo y condicionarse a recibir la solución que se le entrega. Su «colaboración activa» es insuficiente. Porque el DP funciona sobre el modo problema-solución. Como resume Marquis, «lo importante es la preexistencia, y por fin poder dar un estatus a elementos hasta ahora poco claros, y sobre todo, abrir posibilidades de acción. Saber quién ha hecho qué, para que eso funcione, es más bien una cuestión escolástica, y no tiene lugar alguno en la búsqueda de eficacia[72]». Pragmatismo siempre.

La constatación es la misma. La supuesta eficacia del DP proviene únicamente de lo que el lector proyecta sobre el libro, de su propia capacidad de pasar de una sensación de pasividad a una forma de actividad, la del control de sí mismo. «En realidad se trata de controlarse para mejor dejarse llevar, de vigilarse constantemente para vivirse más libremente, de rechazar el confort para acceder a un mayor bienestar,

71. *Ibid.*

72. *Ibid.*

de cambiarse para aceptarse, de aceptarse para cambiarse, o incluso de "trabajar la fe"»[73]. O sea, un listado de paradojas cuyo presupuesto inicial –que siempre se puede mejorar– depende de una forma contemporánea de pensamiento mágico. Magia, ilusión, desrealización son los rasgos que comparten el DP y el management, incluso cuando se plantean como si fuesen más cercanos a la verdadera realidad; la del Yo para el primero –la del manejo de las cosas–, la de la racionalidad managerial por el segundo. Al instaurar una relación dual entre el lector y él mismo, entre él y su Yo, el DP no hace más que introducir una cesura en la subjetividad. Haciendo de él mismo un sujeto y un objeto. El DPista se encierra en un juego de espejos del cual no puede salir, salvo si requiere la mediación... de nuevos libros de DP o de nuevas tendencias, de nuevas modas.

En cuanto al management, este busca disimular las relaciones de poder, objetivar el trabajo con procedimientos cada vez más numerosos que son tanto medios de control como de supervisión. Aquí también, la lengua juega un rol fundamental. Como el lector es «dicho» por el discurso del DP, la lengua managerial

73. *Ibid.*

«dice» a los trabajadores mucho más de lo que ellos dicen sobre ella. De todos modos, hay que aprenderla. En otras palabras, hay que traspasar a una lengua artificial, lo que, sobre todo, asusta al pensamiento managerial, a saber, las emociones. Entonces, también hay que administrar los afectos. Para llevarlo a cabo, el management, al que nunca le faltan herramientas, encontró una noción: la «asertividad». Palabra importada de Estados Unidos, y sometida también a todas las aproximaciones definicionales, la asertividad se define así en Wikipedia: «La asertividad, o comportamiento asertivo, designa la capacidad de expresarse y defender sus derechos sin por ello incidir sobre los de otros. [Esta es] la expresión libre de todas las emociones frente a un tercero, a excepción de la ansiedad».[74] Una lengua de robots, entonces.

Esto viene de lo que Agnès Vandevelde-Rougale llama la «novalengua managerial[75]». La socio-antropología establece que «el discurso managerial participa de una modificación de la relación subjetiva con el lenguaje» ya que, por ejemplo, a través de los casos de acoso que

74. Definición de Wikipedia, página consultada el 15 de octubre de 2020: https://fr.wikipedia.org/wiki/Assertivit%C3%A9

75. Agnès Vandevelde-Rougale, *La Novlangue managériale. Emprise et résistance,* Érès, 2017.

suministra, lo que resienten los trabajadores pierde toda verdad emotiva una vez reformulado según los cánones de esta novalengua. A esto se añade la obligación hecha en definitiva al trabajador de buscar en sí mismo la causa de un problema, sin nunca poder cuestionar a la propia organización. Para Vendevele-Rougale, esta nueva *lingua franca* puede parecerse a un virus que debilitaría el organismo que la acoge. El sujeto pierde entonces la capacidad de expresar lo que resiente, ya no es capaz de simbolizar su experiencia a través del lenguaje y es llevado «al estado infantil de dependencia a la palabra de un otro para intentar decir y dar sentido a sus experiencias emocionales[76]».

En el caso del DP, entonces, el lector-practicante debe ponerse a trabajar, y piensa que tiene que sacar de los libros o de las conferencias las herramientas con el fin de ser él mismo. Para lo que concierne al management, los procedimientos, los controles y el lenguaje mismo lo conducen a no extraer sentido de su trabajo independientemente de los indicadores y de la

76. Agnès Vandevelde-Rougale, *Malaise dans la symbolisation. La subjectivité à l'épreuve de la novlangue managériale*, resumen de tesis, *Encyclo*, n.º 5, página consultada el 29 septiembre de 2020: https://www.researchgate.net/publication/277711318_Resumen_de_tesis_Malaise_dans_la_symbolisation_La_ subjectivite_a_l'epreuve_de_la_novlangue_manageriale_Revue_Encyclo_N5_online

formulación adecuada de lo que resiente. En ambos casos, aunque una vez más no se trate sino de un ideal postulado hacia el cual tender, el control solo adquiere toda su eficiencia cuando muta en autocontrol. No se imponen las normas, se convence de que seguirlas permite estar mejor, ser libre.

Capítulo 3

Pérdida del mundo, pérdida de sí

El porvenir de una religión

La pérdida de influencia de las instituciones en nuestras sociedades (Iglesia, fuerzas armadas, familia...) se ha constatado muchas veces. Pero si la naturaleza le tiene horror al vacío, la sociedad le teme mucho más. Si hay hegemonía managerial, es porque el control de uno mismo ha penetrado en esos campos institucionales y continúa haciéndolo, porque el DP le allana el terreno. Un sistema de creencias ya ha comenzado a implementarse. No se trata de un dogma institucionalizado propio de una Iglesia clásica, sino de un conjunto de actos de fe cuyo carácter informal garantiza que quienes decidan pertenecer a él sigan siendo, una vez más, libres.

Podemos aislar dos movimientos concomitantes en el DP. El primero es el de la profundización, la búsqueda de un Yo auténtico ilusorio, como ya hemos visto. El segundo apunta a la apertura, o más bien a la fusión. Fusión en el Todo, regreso a la naturaleza, conexión con el universo... Las fórmulas recortan la misma realidad, la de la integración del Yo en una entidad que lo supera. Este deseo de infinito es la contraparte del mejoramiento infinito del sujeto del DMP. Pero trasciende las confesiones, es sincrético. Eso se asemeja, no a una religión, esa palabra está proscrita, sino a una espiritualidad, una sabiduría que entiende, no lo dudamos, responder a las crisis de fe actuales.

Un fenómeno idéntico se puede ver en la algarabía managerial. El uso en las empresas de prácticas como la meditación de plena conciencia (*mind fulness*) confina incluso a una experiencia casi mística, la comunión con este universo de pura energía con el cual podemos «conectarnos». Universo completamente identificado que describe Cynthia Barnum, consultora norteamericana: «Y como la mundialización requiere de un compromiso impecable, eso debe convertirse en parte integrante de ustedes, de su sistema de creencias y de valores [...]. A menos que la mundialización no tenga una significación en esta parte íntima de vuestro Ser, usted no estará nunca lo suficientemente motivado para adquirir nuevas competencias, nuevas actitudes y el conocimiento necesario para sacar ventaja de la mundialización en el plano personal y profesional[77]». No cabe duda, eso es el «*flow*».

Es así como la meditación de plena conciencia es presentada por un sitio web de recursos humanos. Se trata de un «método [que] ayuda a apreciar el instante presente, pero también a aceptar mejor las dificultades. Porque en caso de obstáculo, el individuo tiende a entrar en un esquema virtual de reflexión o de temor, incluso de anticipación negativa. La idea entonces no es aislarse del mundo, sino más bien reencontrar la realidad serenamente, sin excesos de estrés y lúcidamente (sin amplificar ni dramatizar), tanto en sus aspectos positivos como negativos [...]. Se trata de un conjunto de técnicas derivadas del budismo, que han sido laicizadas con el fin de ser aplicables en empresas, en sectores médicos o escolares. [...] Es un método que ha sido objeto de numerosas validaciones científicas[78]». Esperemos que eso funcione para

77. Citado en Karen Lisa Goldschmidt Salamon, « Les Formes contemporaines de gouvernance du soi travaillant : vers des techniques spirituoprofessionnelles », en Sophie Le Garrec (dir.), *Les Servitudes du bien-être au travail, op. cit.*

78. *Ibid.*

reencontrar la realidad serenamente en caso de acoso o de «plan de salvaguardia del empleo».

Aquí también las experiencias importan. Esos momentos de armonía que pueden vivirse tanto en una abadía romana como en un templo budista o un jardín japonés. Todo se equivale en una suerte de sabiduría inmemorial donde se trata de encontrar tesoros de enseñanza. Pero que nada esté fijo: el movimiento siempre. Este revoloteo pretende sacar solo lo mejor, solo lo positivo de cada tradición, no sus obligaciones ni sus servilismos. Entonces serán fieles, infieles a todo salvo a sí mismos.

Además, es prodigioso ver cómo el *ikigai* japonés[79], el *hygge*[80] danés o el *ho'oponopono*[81] hawaiano, que no pedían tanto, se encuentran reclutados para el servicio del bienestar

---

79. Lo mejor es citar la definición del artículo «Ikigai» de Wikipedia. «*Ikigai* (生き甲斐) es el equivalente japonés de la "felicidad de vivir" y la "razón de ser"», página consultada el 29 de septiembre de 2020: https://fr.wikipedia.org/wiki/Ikigai

80. Misma cuestión: «El *hygge* es una palabra de origen danés y noruego que hace referencia a un sentimiento de bienestar, a un humor feliz y una atmósfera íntima y cálida. El *hygge* es un estado de espíritu positivo que entrega un momento considerado reconfortante, agradable y amable», página consultada el 30 de septiembre 2020: https://fr.wikipedia.org/wiki/Hygge

81. «El *Ho'oponopono* (ho-o-pono-pono, traducido a veces por "poner las cosas en orden", "restablecer el equilibrio") es una tradición social y espiritual de arrepentimiento y de reconciliación de los antiguos hawaianos», página consultada el 29 de septiembre 2020: https://fr.wikipedia.org/wiki/Ho'oponopono

de pequeños occidentales. La meditación, por supuesto, es el ejemplo paradigmático de un buen marketing. Porque allí está ese perfume de Extremo Oriente tan misteriosamente misterioso y esa sabiduría intacta de pueblos donde la piedad habita en cada uno de los gestos. Un pequeño ramo de lugares comunes, entonces. Pero con embajadores tales como el dalái-lama que siempre sabe decir a los occidentales lo que quieren escuchar, todo el mundo tiene ganas de adquirir esa dulce serenidad.

Y luego están los facilitadores que pondrán la meditación a nuestro alcance. Pero suavemente, sin que eso sea demasiado complicado o exigente (porque no tenemos mucho tiempo). Tres minutos por día bastan. Se escribe un libro. Se vende bien. Es difundido por la prensa y la radio, por sitios web especializados. Se escribe un segundo, luego cinco, diez. Mientras tanto, otros editores han entrado en el baile porque... bueno, ¡evidentemente porque con esto se gana! El tiempo dará la razón, al igual que ocurre con cada una de las modas que se suceden en los escaparates de las librerías. Eso llena e infla antes de recaer tras algunos meses, no dejando más que cuatro o cinco libros que sobreviven pasiblemente mientras que decenas de otros han caído en las aguas del olvido. Es la selección natural: los más adaptados, los más «mediáticamente-compatibles» sobreviven solos. Están consagrados, se convierten en marcas. De ahí esta bella regularidad con la cual cada año (incluso varias veces por año, porque están las obras a cuatro o seis manos, las versiones bolsillo, los audiolibros, etc.), esos autores ponen su libro, como buenas gallinas (de los huevos de oro). ¿A menos que haya que hablar de «coaches de vida de escritores»? Ya sean psicólogos, sociólogos o filósofos de formación, pueden reagruparse bajo esta apelación. Esas gentes desean nuestro bien.

Para volver a esta forma de espiritualidad ecuménica de selección múltiple, nos damos cuenta de que un mismo recorrido iniciático la vincula, incluso vagamente, a las religiones establecidas. Porque como ya he mencionado, existe esta idea de readquisición y de redención, tan anclada en la corriente puritana, incluso la de conversión, mucho más marcada en la corriente evangélica. Esta redención es un asunto de esfuerzo y de perseverancia, según el mismo esquema binario problema-solución, esfuerzo-recompensa. Después es una suerte de ascesis que demanda este constante trabajo sobre sí. En ese sentido, dado que es medida, planificada y organizada, esta espiritualidad no es una mera creencia, sino una mezcla entre creencia y razón, podríamos decir una fe que no se confiesa como tal. Sin embargo, ahí también, claramente, es la racionalidad quien manda.

El movimiento New Age, nacido en California en el ambiente de contracultura de los años 1960, fue un hito determinante de esta espiritualidad. Su principal slogan: «Transformarse a sí mismo para transformar el mundo». Claramente el DP se inscribe en esta huella, entre otras. Tiene la misma capacidad de aglutinar contenidos llegados de distintas tradiciones, o lo que considera como válido en ellas: existencia de vidas anteriores, *channeling*, adivinación, Yi King, druidismo, chamanismo, etc. En suma, una concepción holística como chucherías de lo sagrado. Ser trata más de adherir que de comprender, más de amar que de saber. La espiritualidad del DP también busca solo guardar lo «mejor» de las religiones y las tradiciones y despojarse de sus rasgos más opresivos. Ella las vacía de todas sus especificidades culturales, históricas y sociales para hacer productos fácilmente exportables, «laicizados», neutralizados. Para decirlo en una palabra, es la religión de la mundialización.

Si los adeptos del New Age buscaban cambiar de modelo, sus lejanos herederos no tienen los mismos objetivos, por el contrario. Sin duda, convendría establecer distinciones sociológicas entre una población de DPistas que no puede ser totalmente homogénea[82]. Pongamos un ejemplo para comprender. El Maharishi Mahesh Yogi, que en los años 1970 fue el «gurú de Los Beatles» y que frecuenta a la élite Hollywoodiense, también es fundador del movimiento de meditación trascendental, que ahora dirige una red universitaria, donde la más reputada es la Maharishi University of Management en Estados Unidos (Iowa). Esta ofrece una *«consciousness-based education»* en los campos del comercio, las finanzas o el marketing. Como lo precisa el sociólogo y filósofo Raphael Liogier, «la meditación trascendental, junto a materias clásicas, es parte integral del cursus, [permite] ser "más eficaz porque se es más creativo". Y, por supuesto, esos estudiantes de más de sesenta nacionalidades diferentes que preparan un MBA, un MA, un MS o un PHD son estimulados "a vivir y aprender juntos" como haciendo parte

82. Sin querer adelantarme demasiado –porque eso merecería una investigación en sí–, creo que se puede establecer una diferencia entre un público que lee obras de DP o asiste a conferencias, más bien femenino (pero las cosas también evolucionan por ese lado también), proveniente de clases medias, y una clase mundializada de ejecutivos que se impregnan en seminarios, formaciones y culturas de empresa de grandes grupos. Son ellos quienes constituyen la vanguardia iluminada de la mutación cultural mundial.

de una “familia mundial”[83]». A primera vista un divertido ensamblaje, pues podríamos preguntarnos, al menos en una fracción de segundo, cuáles son los principios de la finanza o de la meditación que orientarán la carrera de estos diplomados. También aquí el oxímoron no es una contradicción, sino una dinámica.

Cuando el Maharishi muere en 2008, el *New York Times* lo describe como «un emprendedor, un monje y un hombre espiritual en busca de una tribuna mundial desde la cual podría presumir de las alegrías de la felicidad interior[84]». Así es como evoluciona, muta y se recompone este fenómeno religioso. Se adapta a nuestra civilización urbana terciaria. Pudimos presentar al cristianismo como «la religión de la salida de la religión[85]». Pero incluso si ese término de religión fuese proscrito por la espiritualidad mundialista, importa menos el objeto de la creencia que la necesidad de creer. Esta constituye un dato antropológico intangible, incluso si reviste una forma relativamente inédita. En

83. Raphaël Liogier, *Souci de soi, conscience du monde. Vers une religion globale ?*, Armand Colin, 2012.

84. «Maharishi Mahesh Yogi, Spiritual Leader, Dies», *New York Times*, 6 de febrero de 2008, www.nytimes.com/2008/02/06/world/asia/06maharishi-1.html

85. Marcel Gauchet, *Le Désenchantement du monde*, Gallimard, « Folio », 2005.

el marco de lo que ahora es necesario llamar una ideología, que puede ser confusa *a priori*, las palabras, como las categorías de pensamiento, son subvertidas. Sigmund Bauman escribe que «la característica de la vida postmoderna no es la construcción de identidad, sino el hecho de evitar permanecer fijo[86]». ¿Cómo puede entonces ese sujeto postmoderno, hipermoderno o contemporáneo, o como se le llame, constituirse? Si todo cambia siempre, ¿puede lograr establecerse como individuo, o bien solo se agota en la búsqueda de reinversiones permanentes, a la imagen de flujos de dinero planetarios?

El maestro interior

La democracia no solo es un régimen político, también es un modo de vida. Y abarca el derecho a todas nuestras actividades, incluidas las profesionales. La despolitización del mundo del trabajo es una de las grandes victorias del neoliberalismo. Con la organización managerial, la

---

86. Zygmunt Bauman, *La Vie en miettes. Expérience postmoderne et moralité*, Hachette, « Pluriel », 2013 (edición original, en inglés: *Life in Fragments. Essays in Postmodern Morality*, Basil Blackwell, 1995).

empresa está a la vanguardia de la nueva manera de conducir a hombres y mujeres. Y esta organización ya no tiene adversarios pues se ha vuelto hegemónica.

El DPista solo quiere depender de sí mismo según una fantasía auto generada. De las herencias culturales retiene únicamente lo que puede insertarse sin restricción en el caleidoscopio de su universo interior. Por un giro ya constatado[87], lo que es lo más interior de nosotros mismos, lo más personal, lo íntimo, se vuelve «éxtimo», una exposición de sí. Esta exhibición permanente en las redes sociales, ligada a la idea de que es necesario a cualquier precio expresar nuestra personalidad. Ya no se muestra solamente lo que se tiene, sino también lo que se es. Ser es estar expuesto. Aquí la preocupación estética juega un rol central. Estética visual, por cierto, pero sobre todo estética de uno mismo. Esta es moral, no en el sentido kantiano de una belleza formal de la moral en mí, sino porque está envuelta en los buenos sentimientos, las buenas indignaciones, los buenos compromisos. Todo lo que resume esa tonta expresión venida del otro lado del Atlántico: «Ser una bella per-

---

87. Ver a este propósito a Michaël Foessel, *La Privation de l'intime*, Seuil, 2008.

sona». Esta composición tan satisfactoria de uno mismo es la hipocresía de nuestro tiempo. Avanza apoyada en el brazo de lo políticamente correcto; ni vicio ni crimen, porque no hay valentía, sino baja hipocresía.

Al final del gran período de consumo de masa ligado al liberalismo de posguerra, el ciudadano progresivamente pasó a segundo plano detrás del consumidor. Desde los años 1970, los trabajos de Richard Sennett[88] o de Christopher Lasch[89] habían puesto en evidencia la aparición de un individuo centrado es sí mismo. Como he señalado, la historia del individualismo es larga y compleja y la noción plurívoca. Por definición, el ciudadano de una democracia es individualista. Al menos se ha convertido en un «individuo» –etimológicamente–, «lo que no se divide». Pero el neoliberalismo va más lejos, porque intensifica la penetración del mercado al interior mismo del individuo.

En la empresa ya no vendemos más nuestra fuerza de trabajo, no vendemos más nuestras competencias, sino que, por medio del auto-

---

88. Richard Sennett, *Les Tyrannies de l'intimité*, Seuil, 1979 (edición original, en inglés: *The Fall of Public Man*, Knopf, 1977).

89. Christopher Lasch, *La Cuture du narcissisme*, « Champs », Flammarion, 2002, primera edición francesa con el título *Le Complexe de Narcisse. La nouvelle sensibilité américaine*, Robert Laffont, 1981 (edición original, en inglés: *The Culture of Narcissism: American Life in an Age of Diminishing Expectations*, W.W. Norton & Company, 1979).

control, nos adaptamos a un modelo que establece el management, que recluta hasta nuestra interioridad. Lo mismo ocurre con el DP que promulga normas dejando relucir una nueva libertad. En ambos casos se trata de manipulación. Pero más todavía, en ambos casos, se trata de sustituir un modo de constitución de sí a otro. Más que de manipulación, se puede hablar de alienación. Ese viejo concepto del cual Paul Ricoeur decía que estaba enfermo a fuerza de una sobrecarga semántica parece no haber agotado su carga crítica. No es el único. Según Ricoeur, la alienación «designa a la vez el hecho de que el trabajador queda realmente despojado, privado en beneficio de un otro (*alienus*) de la posesión y del goce de una parte de su obra, y el hecho de que el trabajador sea perjudicado en esta parte de su personalidad que ha estado comprometida en la actividad de producción»[90]. Sobre todo, encontramos aquí la idea de que algo obstaculiza la plena posesión de uno mismo y su poder de actuar –la máquina para el obrero en Marx, por ejemplo–. La alienación, en sentido estricto, me hace otro diferente a mí mismo, extranjero a mí mismo.

90. Paul Ricoeur, artículo « Aliénation », en *Dictionnaire de la philosophie*, Encyclopædia universalis/Albin Michel, 2000.

Pero si siempre ha habido más o menos de eso en nuestra relación con el trabajo, acabamos de atravesar una nueva etapa. No producir más, no invertir más, sino producirse a sí mismo, no consumir más, sino consumirse a sí mismo.

La aplicación automática de procedimientos, la vigilancia oculta, el lenguaje managerial que hablamos y que nos dice: no pueden producir y no producirse, inversamente a lo que afirman los discursos que pretenden apostar sobre la personalidad de cada cual, de individuos obedientes e intercambiables. El despliegue actual del teletrabajo abre nuevas posibilidades de control de los trabajadores con softwares de vigilancia adaptados. Ya Marx escribía que la división del trabajo en las manufacturas y la repetición de tareas privadas del sentido general de trabajo provocaba una cierta «mutilación corporal y espiritual»[91]. «Las sociedades de consumo de hoy se han convertido en sociedades de consunción[92]», que no

---

91. Karl Marx, *Le Capital*, libro I, cuarta sección, cap. XII, « Division du travail et manufacture », traducción de Jean-Pierre Lefebvre, Éditions sociales, 2019 (edición original, en alemán: *Das Kapital. Kritik der politischen Ökonomie. Buch I: Der Produktionsprozeß des Kapitals*, Verlag Otto Meissner, 1867).

92. Ver a este propósito a Didier Vrancken y Claude Macquet, *Le Travail sur Soi. Vers une psychologisation de la société ?*, Belin, 2006. Al igual que los importantes trabajos de Alain Ehrenberg: *Le Culte de la performance*, Calmann-Lévy, 1991; *L'Individu incertain*, Calmann-Lévy, 1995; *La Fatigue d'être soi*, Odile Jacob, 1998; *La*

conducen a la verdad de uno mismo, sino a un empobrecimiento interior.

DP y management son los brazos armados del neoliberalismo en su empresa de modelamiento de los espíritus. Como un espejismo le presentan al individuo una imagen que él considera su reflejo, cuando allí solo hay un Yo ideal falsificado. Dado que por definición este es inaccesible, el individuo se agota en la inútil búsqueda de ese Yo que es puro engaño. Ninguna de las experiencias prescritas (pero diremos «recomendadas» para no parecer demasiado directivos) se escapa a lo que ha estado inicialmente previsto por quien las propone. A los lectores y lectoras de libros de DP, retomando el tono familiar de los autores del género, podemos decirles esto: «Tú no exploras ni descubres nada, tú no haces más que seguir el programa que se te ha dictado».

Y el hombre y la mujer de hoy están muy solos/as frente a esto. Primero desde un punto de vista social. Con el naufragio de los colectivos tradicionales, con el fin de lo que llamamos grandes relatos, con la desaparición de la mayoría de los ideales emancipatorios. El repliegue

---

Société du malaise, Odile Jacob, 2010; *La Mécanique des passions*, Odile Jacob, 2018.

sobre sí mismo, sobre los círculos restringidos familiares o amistosos (se juntan porque se parecen), termina por nuclearizar una sociedad que no cree sentirse como tal, salvo en momentos de reagrupamientos emocionales, por lo tanto fugaces.

Luego, desde un punto de vista personal, puesto que la pretendida autonomía se convierte en soledad, la de un átomo social sin núcleo. Pero no podemos insistir mucho, porque es en la relación con el otro en la que se construye la relación consigo mismo. En esto tampoco se puede avanzar como modo de subjetivación para acceder a un Yo oculto pero auténtico a partir del cual podríamos, con la cara llena de amabilidad, volvernos hacia el otro. Por subjetivación se puede entender, de manera simple, la/s manera/s en que se construye la relación con uno mismo y con el otro. Esta está por lo tanto tejida por mil lazos, intercambios, conflictos, y no depende de ninguna metodología. Además, *horresco referens*, esta supone lo que aborrece la eficacia managerial, a saber, la contingencia, el azar, la separación. Esta subjetivación es hija de su tiempo, por lo tanto, de la sociedad donde se inserta y los poderes que la estructuran. Además, algo sobre lo que el DP nunca dice una palabra, pero que cada uno experimenta más o menos conscientemente. Sería un error subestimar el impacto de este nuevo tipo de gubernamentalidad –en el sentido que le da Michel Foucault, la «conducta de las conductas»–. Gobernar implica entonces «tener frente a los habitantes, las riquezas, la conducta de todos y de cada uno una forma de vigilancia y de control no menos atenta que la del padre de familia sobre el hogar y sus bienes»[93]. Mirada del padre, entonces, pero también del (gran)hermano ahora con las herramientas algorítmicas que están a su disposición. Gobernar ya no es prerrogativa del Estado.

Es probable que veamos en esto pura exageración. No obstante, se puede establecer un cierto número de convergencias que dibujan un fenómeno expansivo de desrealización. Efectivamente lo real mismo es negado o al menos desvanecido, arreglado, eufemizado. Antes he hablado de la novalengua managerial y de la torsión que ejerce en la expresión de las emociones o los sufrimientos del trabajador. Cada uno

---

93. Agnès Vandevelde-Rougale, *Malaise dans la symbolisation. La subjectivité à l'épreuve de la novlangue managériale*, resumen de tesis, *Encyclo*, n.º 5, página consultada el 29 de septiembre de 2020: https://www.researchgate.net/publication/277711318_Resume_de_these_Malaise_dans_la_symbolisation_La_subjectivite_a_l'epreuve_de_la_novlangue_manageriale_Revue_Encyclo_N5_online

de nosotros ha podido también entretenerse con la inflación de palabras que ya no dicen las cosas, sino que parecen murmurarlas por temor de asustar o por la ilusión de que esas palabras alivien los males de los gordos, viejos, pobres, discapacitados, desempleados, mendigos, ciegos, sordomudos, pero lamento decirles que de todos modos ellos claramente existen. Esta lengua específica también cree suavizar los efectos del poder llamándolo gobernanza. Gobernanza, benevolencia, buenismo... con estas tres cosas jamás tomaríamos ninguna Bastilla.

Porque tocar la lengua no es solo tocar la lengua. Estamos constituidos por la lengua, porque somos «seres hablantes[94]». Y las observaciones de algunos psicoanalistas, que también tienen algo que decir sobre la evolución de la sociedad debido a su práctica clínica, merecen atención[95]. Mientras que la representación del objeto de deseo mediante el lenguaje era la regla, en la «nueva economía psíquica» (la expresión es de Charles Melman), es la presentación la que se impone. Cuando la insatisfacción es la norma,

---

94. Citado en Karen Lisa Goldschmidt Salamon, «Les Formes contemporaines de gouvernance du soi travaillant : vers des techniques spirituoprofessionnelles», en Sophie Le Garrec (dir.), *Les Servitudes du bien-être au travail, op. cit.*

95. *Ibid.*

la falta no es aceptada. A la frustración le sucede la perversidad, o sea, el placer que se obtiene en servirse del otro como medio de satisfacer el deseo propio. Lo que ahora se busca es la acción sobre lo real vía las cosas deseadas. Así, nos dirigimos a «tener que pensar un campo de gran amplitud con inmensas consecuencias antropológicas, que instale la congruencia entre una economía liberal desenfrenada y una subjetividad que se cree liberada de toda deuda hacia las generaciones precedentes –produciendo un sujeto que cree poder hacer tabula rasa de su pasado–[96]».

Que se hable de subjetivación, de individuación o de humanización es una misma realidad que es designada como estando en crisis, ya sea la capacidad de un individuo de producir una relación de verdad frente a sí mismo, frente a los otros o a la realidad. De ahora en adelante el régimen que se impone es el de la coincidencia (de uno mismo), lo ilimitado (del deseo) y la inmediatez (de su satisfacción). *Metahumano. Superar nuestras creencias limitantes para realizar nuestro potencial infinito*[97]: tal es el título

96. Charles Melman, *L'Homme sans gravité*, *op. cit.*

97. Deepak Chopra, *Métahumain. Dépasser nos croyances limitantes pour réaliser notre potentiel infini*, Guy Trédaniel éditeur, 2020

del último libro de Deepak Chopra. Corresponde perfectamente al programa vendido.

En esta óptica, la subjetivación falsificada por el DMP, al encontrar su sentido solo en el movimiento perpetuo, llega para hacer dudar de la noción misma de sujeto como concreción de experiencias y actor potencialmente libre. En su *Discours de la servitude volontaire*[98], La Boétie se pregunta cómo toda la población de un país se somete al poder de uno solo o de algunos cuando fácilmente podría derribarlo. Lo que no deja de extrañar es la curiosa actualidad que se puede encontrar en ese texto. Porque hablar de servidumbre *voluntaria*, eso significa claramente que esta es buscada y aceptada como tal. No se trata de una esclavitud que se imponga desde el exterior. La Boétie distingue dos momentos en la ruta de la servidumbre. El de un encierro en uno mismo y el de una felicidad personal ilusoria, que me hace esclavo de mí mismo. Luego ese u otro, pretendiendo querer mi felicidad, me impone amablemente su visión del mundo. Pero el tirano hace reposar su poder en la separación del cuerpo social. Es

(edición original, en inglés: *Metahuman: Unleashing Your Infinite Potential,* Harmony, 2019).

98. N. de la T.: «Discurso de la servidumbre voluntaria».

la atomización, la parcelación de la sociedad en individuos cuyos lazos de «amistad» (la palabra es de La Boétie) entre ellos se han distendido, lo que impide que una libertad política pueda ser imaginada.

Y aquí estamos. Incluso más lejos todavía pues La Boétie no podía sospechar hasta qué grado los mandatos de autorrealización podían amenazar nuestra intimidad y hacer de nosotros, nuevamente, «sujetos». Uso aquí este término refiriéndome a su etimología: *sub* («abajo»), *jacere* («tirar»), es decir «puestos abajo», sometidos, y por lo tanto sujetados, mucho más que los ciudadanos.

Desear sin hambre

El DP es un puro producto de nuestra época. La lucha clásica contra el tirano –o de modo más general, el abuso de poder– había llevado a establecer derechos y contrapoderes eficaces frente a esta dominación exterior. Pero un nuevo tipo de dominación apareció con la democracia, la de la opinión que tranquilamente conduce a la homogenización social. Es en nombre de la libertad que los mismos individuos se encierran en la servidumbre moderna o hipermoderna. Se celebra con palabras la diferencia mientras que todo está pensado para producir lo idéntico. Un idéntico que, es su esencia, rechaza furiosamente la diferencia. El DP, aplicado a un individuo que es norma de todo, que vive cada vez más en la emoción, es un factor entre otros. A ello se suman la acción perpetua del marketing, el mensaje de medios cada vez más concentrados, la presión singularizada de redes sociales, y ahora la vigilancia de medios digitales alimentados por los datos que nosotros mismos les proporcionamos.

¿Es posible concebir un control más invasivo? Sí, porque es mucho más difícil detener el progreso cuando confiamos únicamente en el factor tecnológico para afrontar los peligros. El diagnóstico tocquevilliano del repliegue sobre sí mismo del hombre democrático ya no puede estar más confirmado. Este nuevo estilo antropológico neoliberal dibuja el rostro de un individuo descomprometido, egoísta y procedimental, cuyo ombligo se convierte en el centro de gravedad del universo.

La desregulación general que ha tenido lugar desde los años 1980 bajo el nombre de liberalización, y que no es más que la eliminación de obstáculos a la competencia global, se ha hecho en nombre de la libertad. La manipulación del lenguaje es evidente una vez más, porque por una parte conduce más a una forma de abulia (pérdida de sentido e incluso del deseo de libertad –una libertad real, positiva–) y por otra parte a una anomia social. Es la satisfacción personal de los placeres la que tiene prioridad sobre cualquier otra consideración ética, ese famoso «tengo derecho» sin contraparte alguna. Casi cuarenta años de régimen neoliberal, y en Francia, de un tiempo cerebral ofrecido a TF1, solo pueden dejar profundas huellas. Porque, igual que he insistido sobre la racionalidad managerial, también hay que tomar en cuenta la seducción del neoliberalismo. Además de la satisfacción de controlarse, invertirse, desarrollarse a sí mismo, que tiene una parte de racionalidad calculadora, no hay que desestimar al otro resorte, más profundo, más poderoso, el de la emoción. La servidumbre voluntaria no puede ser forzada, es adhesión. El sujeto neoliberal es acción y pasión. Alain Accardo ha hecho un acertado retrato: «Básicamente, para el capitalismo, la mejor población, la más dócil, la más entusiasta, sería una población completamente atomizada e infantilizada de adolescentes perpetuos cuyos lazos de solidaridad se reducirían a intercambios grupusculares fusionales y festivos, una población de consumidores desenfrenados, cuyos miembros solo tendrían en común el proyecto de gozar juntos, de "estallarse" indefinidamente, prisioneros beatos de un sibaritismo invertebrado[99]». A menudo me acuerdo de estas líneas cuando me cruzo con un adulto que se desplaza en monopatín por las aceras.

El DP es un elemento del dispositivo neoliberal. Dispositivo en el sentido de Giorgio Agamben, que toma de Foucault, a saber: «Todo lo que, de un modo u otro, tiene la capacidad de capturar, orientar, determinar, interceptar, modelar, controlar y asegurar los gestos, las conductas, las opiniones y los discursos de los seres vivos[100]». Conductas de las conductas, nuevamente gubernamentalidad, orientación, persuasión, siempre seducción. Para seguir en el registro foucaultiano, podríamos, con un pequeño esfuerzo de deshonestidad, integrar al DP en las «técnicas de sí» en las que se interesó el filósofo en su estudio del cuidado del sí[101]. En efecto, ¿qué podría en apariencia estar más cerca? Muchos son los autores del DP que han vinculado su práctica a la antigua tradición. Pero si la filosofía antigua es una

---

99. Alain Accardo, *Le Petit-Bourgeois gentilhomme. Sur les prétentions hégémoniques des classes moyennes*, Agone, « Contre-feux », 2009.

100. Giorgio Agamben, *Qu'est-ce qu'un dispositif ?*, Payot & Rivages, « Rivages poche/Petite bibliothèque », 2014 (edición original, en italiano: *Che cos'è un dispositivo?*, Nottetempo, 2006).

101. Michel Foucault, *Histoire de la sexualité*, tomo III, *Le souci de soi*, Gallimard, « Tel », 1984.

manera de vivir, que reposa en ejercicios espirituales y en una relación a sí, ningún Sí distinto existe. Y el objetivo de estas técnicas de sí es claramente confrontarse a lo real, no embellecerlo ni reprimirlo.

Nunca como hoy la noción foucaultiana de biopoder –poder sobre la vida, sobre los cuerpos, sobre las poblaciones– ha sido tan reutilizada debido a la pandemia del COVID-19. Ya se ha dicho mucho sobre esto, y no insistiré en ello. Además, las neurociencias, que tienden, por un lado, a naturalizar el espíritu y, por otro, a transmitir la imagen de un cerebro plástico y, por lo tanto, flexible, ganan cada vez más influencia. De manera que, incluso más que un biopoder, hay que hablar de un psicopoder. Uno no excluye al otro, pero lo complementa. Entiendo aquí lo psico(lógico) en sentido amplio, es decir, como vida del espíritu. Todo lo que se ha desarrollado antes nos lleva a ello. Un poder descentrado entonces, difuso, pero omnipresente, polimorfo, suavizado en su forma más implacable sobre el fondo: obedecerán mucho mejor mientras más libres se crean. Entonces ya no se perseguirá más la disidencia política (el consenso es general, todos somos demócratas), sino los pensamientos negativos. Recuerden las palabras de un antiguo primer ministro: «Les recomiendo una actitud *positiva*». Pero cuando se nos dice que estamos en guerra, ¿qué cree usted que puede significar eso concretamente? No sabemos nada de la guerra. ¿Qué defiende nuestro presidente de la República? La resiliencia. Encontramos claramente al DP en la primera línea de esos fervorosos auxiliares de la neodominación.

¿La idea misma de sujeto todavía es viable? Lo es en un primer nivel, empírico, dado que se exalta a los individuos a «ser ellos mismos». Lo es menos cuando el proceso de subjetivación es falseado por la ilusión de Sí que forjan el DP y el management. Y lo es menos todavía cuando se lleva hasta el final la lógica de la autoproducción y autopromoción permanente de uno mismo. Citemos a Byung-Chul Han: «Hoy día creemos ser, no un sujeto esclavizado, sino un libre proyecto que se repiensa y se reinventa sin cesar. Este paso del sujeto al proyecto se acompaña de un sentimiento de libertad. Pero ese proyecto se revela a sí mismo como una figura de la restricción, e incluso como una forma más eficaz de subjetivación y esclavización[102]». Aunque se podría bromear

102. Byung-Chul Han, *Psychopolitique. Le néolibéralisme et les nouvelles techniques de pouvoir*, Circé, 2016 (edición original, en alemán: *Psychopolitik: Neoliberalismus und die neuen Machttechniken*, S. Fischer Verlag, 2014).

comparando la idea de ideología actual a la de la URSS en su gusto por números alejados de la realidad, sería francamente divertido glorificarla por haber puesto fin a la lucha de clases. Y, sin embargo, en el juego del individuo contra la sociedad, del autoemprendedor autónomo contra el funcionario y del consumidor contra el ciudadano, esta consigue hacer del cuerpo social una masa amorfa, sacudida simplemente por algunos hipos ocasionales que le provoca la indignación momentánea. El grado de penetración es tal que, como ya hemos visto, ya no es el patrón quien explota al trabajador, sino este quien se explota a sí mismo.

Ya no es el carácter calculador y racional del consumidor el que lo empuja a gastar más por un producto de marca, y por eso supuestamente de mejor calidad. Es la emoción que vehicula el producto de la cual importa apropiarse y comunicar a quienes reconocerán el valor y lo atribuirán a la vez al portador de la marca. Incluso en la manera de aparecer solo se trata de apariencia. Incluso en el ejemplo trivial de una u otra marca de vestimenta, o de automóvil, lo que marca la inflexión determinante es que ahora se trata de captar emociones. Luego afectos, luego deseo. Ya no estamos en la simple producción de masa, sino en una producción de masa personalizada. Es la singularidad misma de cada uno a lo que se apunta. Son los datos personales que recogen y explotan los algoritmos. La uniformización de los modos de vida conduce a la de las preferencias, a ciertos detalles que se creen distintivos. Además, esto no impide continuar acumulando y entreteniendo a las masas con la multiplicación de eventos deportivos: movilización por la emoción.

Pero esta es por naturaleza volátil y transitoria, y no le sería suficiente crear otro lazo que no fuera temporal. Igualmente requiere ser mantenida y se convierte en un régimen de existencia del cual inmediatamente se percibe la dependencia o al menos el acostumbramiento que puede crear. Creemos vivir más y mejor en momentos de exaltación y nos parece que es metafóricamente que hablamos de dejar de pertenecer. Pero la expresión debe tomarse en *stricto sensu*: pertenecemos a quien nos proporciona emociones. O más bien soportes, ocasiones, motivos de emociones, porque la materia prima siempre viene de nosotros. Producimos y consumimos la emoción al mismo tiempo. Porque tememos a la multitud (opuesta al pueblo como lo era la plebe para los romanos), y porque todavía desconfiamos de sus excesos (Francia tiene una larga tradición), hemos conseguido, desde una gubernamentalidad adecuada, organizar una multitud fragmentada. Esto es solo la aplicación de un *credo* del neoliberalismo según el cual no hay sociedad, sino únicamente individuos (según la provocación de Margaret Thatcher[103]). Singularización estandarizada, por lo tanto. Pero la idea es que esta masa donde cada uno observa elementos dispersos ante su pantalla es manipulable. Lo es por la publicidad, por el deporte, por el marketing (en el que se incluye el marketing político que produce candidatos), por la información (que se ha vuelto *infoentretenimiento*), en suma, por la incesante producción de *acontecimientos* que solicitan infinitamente nuestra atención y suscitan nuestras emociones. Obviamente todo esto debe ser *lúdico*, palabra clave que se aplica a *todo*, incluso a los contenidos más honorables, a los saberes menos *fun* –donde cual puede creerse conocedor de un campo simplificado hasta la caricatura–. La disciplina de masa encuentra ahí una hermosa aplicación y logramos que cada vez consiga decirnos más y mejor cuándo y con

103. En una entrevista en la revista *Woman's Own* en septiembre de 1987, Margaret Thatcher declaraba: «Hemos llegado a una época donde muchos niños y personas [...] lanzan sus problemas a la sociedad. ¿Y qué es la sociedad? ¡Eso no existe! Solo hay individuos, hombres y mujeres, familias».

qué emocionarnos. Esto coincide con el saber ser exigido por el management que comprende lo que alegremente se llaman *competencias emocionales*. Las denominadas competencias consisten sobre todo en ser capaz de expresarse en el lenguaje deformante y desnaturalizante prescrito y, por lo tanto, solo ser emociones autorizadas.

La imagen DPista de conexión con la energía del universo está claramente en el aire de los tiempos. Podríamos retomarla cambiando solo uno de sus polos: no un supuesto Sí que capta y restituye el flujo cósmico, sino subjetividades que con sus emociones alimentan a un sistema de dominación que, a su vez, le procura emociones ficticias. Tal como la empresa capta las potencias para actuar y los afectos de sus «colaboradores». Esta valorización de las emociones se combina con la aceleración continua de nuestros modos de vida, una velocidad opuesta a la duración, y con la supremacía de la imagen como modo de comunicación. Todas, cosas que desarman y sobrepasan la paciencia del concepto y de la argumentación. Así, toda la experiencia humana se encuentra mercantilizada.

Es ahí donde reencontramos la felicidad, devaluada o no en bienestar. Tan buscada, alabada y realizada a través de millones de páginas de libros de DP o de revistas asociadas, de esas horas de conferencias, que ha devenido una suerte de significante vacío. Pongamos allí todo lo que queramos. Incluso medidas, indicadores, cálculos, en suma, todo un batiburrillo con aires de objetividad. Mercantilización y espectáculo, control y puesta en escena de uno mismo, todo en un mismo movimiento, nos hemos convertido en lo que Edgar Cabanas y Eva Illouz llaman «psydadanos», en esta forma de poder que es la «happycracia[104]». Dejémoslo claro de nuevo, se trata de una felicidad siempre imaginada como individual y accesible gracias a una voluntad practicada.

Dos enfoques, muy distintos, pero que me parece se pueden unir en un mismo esquema, uno para la vida profesional, otro para la vida privada –mientras esta distinción todavía pueda mantenerse–, nos ayudará a comprender mejor cómo se practica el reclutamiento de las subjetividades en lo más íntimo, es decir una real servidumbre voluntaria.

El primero es el de Frédéric Lordon en *Capitalisme, désir et servitude*[105]. Retomando los

---

104. Edgar Cabanas y Eva Illouz, *Happycratie, op. cit.*

105. Frédéric Lordon, *Capitalisme, désir et servitude. Marx et Spinoza*, La Fabrique, 2010.

datos de la antropología de Spinoza, Lordon se cuestiona la manera en que los afectos y los deseos son captados por un deseo más fuerte, que aquí es el deseo-maestro. Porque restricción (afecto triste según el vocabulario spinoziano), persuasión y seducción (afectos felices) son convenientes para el neomanagement. El consumo es claramente un afecto alegre, pero depende de una exterioridad (la oferta y la capacidad de conseguirlo). Falta encontrar un afecto alegre interior. Es todo el objeto de la *epitumogenia* neoliberal, es decir el «trabajo de producción de los deseos», la «ingeniería de los afectos». Es la actividad misma del trabajo que el management presentará como fuente de felicidad: «El deseo del compromiso salarial ya no debe ser solamente el deseo mediato de bienes que el salario *también* permitirá adquirir, sino el deseo intrínseco de la misma actividad. También la epitumogenia neoliberal tiene como tarea específica producir a gran escala los deseos que hasta ahora no existían, salvo en los enclaves minoritarios del capitalismo, deseo de trabajo feliz o, extrayendo directamente de su propio léxico, deseos de "plenitud" y de "autorrealización en y por el trabajo[106]». Por tanto, claramente, aquí

106. *Ibid.*

se busca y se capta el deseo. No se desea el deseo del otro como en una relación amorosa, sino que se desea como el otro, se desea lo que desea el otro. Entonces ya no se desea para uno mismo, ni siquiera se desea verdaderamente.

En Illouz, una gran crítica del DP, encontramos también esta figura de orientación, de captación del deseo en el análisis que lleva a cabo sobre las «mercancías emocionales» o *emodities* (contracción de *«emotional commodities»*). En efecto, su trabajo establece que nuestras emociones ahora debemos construirlas nosotros, porque así son concebidas por el neoliberalismo, como mercancías[107]. La tendencia se dibujó después de la Segunda Guerra Mundial, sobre todo por medio del turismo de masas y de la música. En el primer caso, el viaje organizado transformó la idea misma de viaje para crear «experiencias turísticas». Gracias a los complejos turísticos, ahora se crean ambientes que producen estados emocionales. Lo mismo con la música y la aparición de discos compilados en Estados Unidos en los años 1950. Ahí también se determinan ambientes según las

107. Eva Illouz (dir.), *Les Marchandises émotionnelles. L'authenticité au temps du capitalisme*, Premier Parallèle, 2019 (edición original, en alemán: *Wa(h)re Gefühle: Authentizität im Konsumkapitalismus*, Suhrkamp Verlag, 2018).

temáticas de los discos en función del humor: relajación, melancolía, *«music for lovers only»*... Pero ¿cómo saber si se siente esa emoción o si es la música la que la produce? No se trata de una nueva versión del problema del huevo y la gallina, pero los errores son compartidos. Según Illouz, con el surgimiento de un capitalismo cognitivo y de un capitalismo estético, ha llegado una «emocionalización» del mundo: «Los actos de consumo y la vida emocional ahora se entrelazan hasta volverse inseparables, hasta definirse y autorizarse mutuamente; las mercancías facilitan la expresión de las emociones y ayudan a experimentarlas; y las emociones se convierten en mercancías[108]». Hay por lo tanto una *coproducción* de emociones por el sujeto neoliberal y por el mercado y «los proyectos emocionales» devienen objetivos en sí. Lejos de pertenecer al mundo interior de cada uno, las emociones se vuelven expresión de las relaciones sociales mediatizadas por el mercado.

Repliegue, indiferencia, autocontrol y servidumbre voluntaria marcan la inversión de la intimidad del sujeto neoliberal. Estos pálidos emblemas señalan ahora que ningún territorio puede escapar a la obligación de las fuerzas

---

108. *Ibid.*

combinadas del management, del mercado y del DP. Hay que pensar un nuevo modelo. Con esta inquietante pregunta que inmediatamente surge: ¿en qué medida somos capaces de imaginar otra cosa? El anuncio de la llegada de la Gran Noche ya no es popular y, por ello, es sin duda un lento trabajo de salida de esta forma de individualismo egoísta y escurridizo que debemos comprometer. Así como la promulgación de otra forma de común que deseaba Simone Weil: «Lo que es sagrado, más allá de lo que sea la persona, es lo que, en un ser humano, es impersonal[109]».

109. Simone Weil, *La Personne et le sacré*, Payot & Rivages, « Rivages poche/ Petite bibliothèque », 2017.

Conclusión

NORMAN VICENT PEALE ERA PASTOR de la Marble Collegiale Church en Nueva York. Cada domingo por la mañana, su sermón estaba muy bien ejecutado y Fred no dejaba nunca de asistir con su hijo. Este siempre escuchaba atentamente y leería también las obras maestras de Peale, sobre todo la más famosa, *La Puissance de la pensé positive*[110], que circuló en varios millones de ejemplares en Estados Unidos a partir de su aparición en 1952 y después en Europa. Entre las ensenanzas del pastor Peale, citemos esta: «Hay que visualizar la verdad deseada más que la realidad». O bien: «Las actitudes son más importantes que los hechos». Dos ejemplos de

110. Norman Vincent Peale, *La Puissance de la pensée positive. Des méthodes simples et efficaces pour réussir votre vie*, Marabout, « Poche Marabout », 2019 (edición original, en inglés: *The Power of Positive Thinking*, Prentice Hall, 1952).

los perceptos del pensamiento positivo que contribuyó a promover. El hijo de Fred se llamaba Donald. Y fue el cuadragésimo quinto presidente de los Estados Unidos que durante mucho tiempo rechazó admitir su derrota en las elecciones presidenciales de noviembre de 2020. Un tiempo antes, también había rechazado admitir la existencia, y luego la peligrosidad, de la COVID-19, entre otras tonterías.

Por supuesto, Donald Trump tuvo otras influencias en su vida. Pero nunca dejó de rendir homenaje a Peale en sus propios libros. «Él pensaba que yo era el mejor alumno de todos los tiempos», declaró, por ejemplo, conforme a su legendaria modestia. También dijo: «Me opuse a ser adiestrado en pensamientos negativos en todos los niveles, incluso cuando las indicaciones no eran excelentes». Aunque paroxística, la actitud trumpeana de negación de la realidad parece bastante sintomática de aquello a lo que puede llevar el DP. Solo puede, clamarán sus adeptos. Pero creo que el fajo de pruebas de su nocividad está muy sólidamente establecido.

Las ilusiones que mantiene sobre nuestra capacidad de tomarnos nosotros mismos como objetos simples y transparentes, sobre la existencia de un Yo puro y auténtico, liberado de todas las condiciones históricas y sociales, o sobre la necesidad de considerar la felicidad (o el bienestar) como fin de nuestra existencia, solo llevan a un repliegue egotista y a una sociedad de mónadas. Es menospreciar a toda una parte de nuestra historia y de nuestra psique pensar que no tenemos fallas, ni vacíos, ni debilidades, y negarlas, y enceguecernos sobre nosotros mismos. Por el contrario, hay que hacer con, vivir con.

El DP no es más que la cara agradable y sonriente de un amplio movimiento de autocontrol y de auto explotación. La mundialización deja a los individuos desorientados. Todo cambia, todo debe cambiar y los que no cambian serán apuntados con el dedo. Pero el cambio no se decreta. La simplificación que impone el DP a la realidad psíquica confina a la infantilización. No tener en cuenta al inconsciente, un ejemplo revelador, es de una confusa ingenuidad.

Lo mismo ocurre con el management que opera según el mismo modo de pensamiento mágico. Creyendo hacer entrar lo real en las planillas Excel para controlarlo, nos exponemos a fuertes desmentidos. Estas negaciones de realidad, apoyadas sobre el buenismo del DP, sobre la gestión para el management, solo deberían provocar una encogida de hombros.

Pero lo que se produce es todo lo contrario. Estamos convencidos. Evaluación, autoevaluación, control, mejoramiento. Estamos sumergidos en una ideología sin ni siquiera darnos cuenta, paralizados por el miedo del desclasamiento, pero seguros como estamos de nuestro derecho y de la excelencia de nuestro régimen político. Pero la democracia por naturaleza es siempre inacabada, siempre perfectible. ¿Dónde se formaron los ciudadanos que la construyen? Misterio. ¿Dónde se deformaron? Eso sí lo sabemos. En la empresa, que sigue siendo un universo sustraído a cualquier avance democrático real en nombre de una sacrosanta razón económica de la cual lo único que podemos decir es que no es racional. Y en una sociedad que ha promovido la competencia general y el principio de eficacia al rango de virtudes cardinales. El propósito de Eva Illouz que citaba al inicio merece ser visto nuevamente: «Es precisamente esta atención por parte de una opinión pública desprovista de espíritu crítico lo que permite a todos esos profesionales resistirse tenazmente a las críticas de fondo de las que son objeto[111]», y que consigue el éxito del DP. El sentido crítico no se enseña en ninguna parte; la participación

111. Edgar Cabanas y Eva Illouz, *Happycratie, op. cit.*

del DP sin duda irá creciendo. Al igual que lo políticamente correcto y la intolerancia frente a todo lo que no reproduce lo idéntico.

Desde un punto de vista antropológico, es nuestro imaginario el que es atacado, por lo tanto, nuestra capacidad de inventar otros modelos, al igual que nuestras facultades individuales y colectivas de simbolización y de sublimación. Como escribe Cornelius Castoriadis: «Esto quiere decir que no puede haber autonomía individual si no hay autonomía colectiva, ni creación de sentido para la vida de cada individuo que no se inscriba en el marco de una creación colectiva de significaciones[112]». Pero todas las herramientas que contribuyen a ello están comenzando a ser destruidas o pervertidas.

Así, la torsión que vive la lengua, sea en el discurso relajado del DP, sea en la novalengua del management (y de toda la sociedad), debe ser tomada muy en serio. Estamos constituidos en y por el lenguaje; no se trata de una cuestión de vocabulario, ya lo hemos visto. Hablar mal es pensar mal. Esas maneras de no decir solo juegan a favor de quienes tienen interés en que nada cambie para que sus pequeños negocios

112. Cornelius Castoriadis, *Les carrefours du labyrinthe*, vol. 4, *La Montée de l'insignifiance*, Seuil, 1996.

se perpetúen sin tener que dar cuentas. La justicia, el conocimiento y la verdad, por complejas e inconfortables que sean, me parecen en definitiva objetivos mucho menos adulterados que la mercancía de contrabando que quieren vendernos estas buenas personas. La obsesión por el bienestar parece ser solo una broma, pero no por eso debemos dejar de considerarla como un síntoma y el DP como el proveedor de nuevos directores de conciencia al servicio de un dogma muy poco caritativo. Este utiliza las experiencias, las emociones y el deseo humano como nueva materia prima gratuita que lleva la explotación a un grado inédito. De ahora en adelante, esta explotación se combina con lo que permiten lo digital y el manejo de los datos. Al igual que ella, llega enmascarada con atractivos adornos.

Está la apariencia y está lo real; está Dorian Gray y está su retrato verdadero. El DP exhibe la imagen de sujetos que se liberan de sí mismos, solos, gracias a un potencial interior ilimitado. El DP produce individuos sujetos a un ideal engañoso y a una eficaz lógica de adaptación, que creen querer cuando sufren, que creen desear cuando opinan. La industrialización ha llevado muy lejos su imperio, su ideal nos ha colonizado bien, puesto que lo íntimo ahora se asemeja a un producto. Mientras la creencia en recursos ilimitados nos siga llevando al caos, será la misma visión del mundo, individual y envuelta de malvaviscos, la que vacíe nuestro imaginario. Solo hay una cosa para crear otra: el tiempo. Justamente es lo que nos va a faltar.

El DP cree difundir la benevolencia con la conversión de cada uno a una verdad que piensa ser la suya propia. El mundo no es benévolo y esta verdad solo es un narcótico. Lo real es lo que resiste. Si la tomamos en serio, como he tratado de hacerlo, entre otras, esta manera de engañar o de adormecer al mundo nos lleva hacia una moral de borregos combinada con un aturdimiento estéril. Nunca ha salido nada bueno de este vientre.

La edición de este libro,
CONTRA EL DESARROLLO PERSONAL,
es fruto de un trabajo colectivo y se terminó de diseñar,
componer y maquetar en Bilbao,
en el taller gráfico de MONTI DISEINU GRAFIKOA,
utilizándose la familia tipográfica Celeste
creada digitalmente por Chris Burke en 1990,
a cubierto de una de las mayores
tormentas solares de este siglo.

Aurkeztu dizugun liburuaren eduki, itxura edo inprimaketari buruzko iritzia guri helarazi nahi izanez gero, bidal iezaguzu. Zinez eskertuko dizugu.

La Editorial le quedará muy reconocida si usted le comunica su opinión acerca del libro que le ofrecemos, así como sobre su presentación e impresión. Le agradecemos también cualquier otra sugerencia.

EDITORIAL TXALAPARTA S.L.L.
San Isidro 35
31300 TAFALLA
Nafarroa
Tfno.: 948 70 39 34
info@txalaparta.eus
www.txalaparta.eus